C.H.BECK WISSEN

W0286051

Von Arminius bis Angela Merkel: Die wichtigsten Personen der deutschen Geschichte haben sich im Laufe der Zeit stark verändert. Edgar Wolfrum und Stefan Westermann versammeln eine Porträtgalerie der großen Köpfe aus mehr als 2000 Jahren. Dabei schweift der Blick von großen Feldherrn und Politikern zu den Geistesgrößen aus Philosophie, Wissenschaft und Technik bis hin zu den prägenden Künstlern aus Musik, Malerei und Film. So entsteht ein ebenso inspirierender wie kurzweiliger Rundgang durch die deutsche Geschichte.

Edgar Wolfrum ist Professor für Zeitgeschichte an der Universität Heidelberg. Er hat zahlreiche Bücher verfasst. Bei C.H.Beck sind vom ihm erschienen: Rot-Grün an der Macht (2013), Die Mauer (2009), Die 101 wichtigsten Fragen: Bundesrepublik Deutschland (2009).
Stefan Westermann ist Wissenschaftlicher und Geschäftsführender Mitarbeiter am Lehrstuhl von Prof. Wolfrum.

Edgar Wolfrum
Stefan Westermann

DIE 101 WICHTIGSTEN PERSONEN DER DEUTSCHEN GESCHICHTE

Verlag C.H.Beck

Mit 51 Abbildungen © akg-images

Originalausgabe

Satz: Fotosatz Amann, Memmingen
Druck und Bindung: Kösel, Krugzell
Umschlagentwurf: Uwe Göbel, München
Umschlagabbildungen: © akg-images
Printed in Germany
ISBN 978 3 406 67511 9

www.beck.de

Inhalt

Vorwort

Das Thema ist reizvoll, doch ebenso problematisch: Was bedeutet «wichtig»? Wer ist «wichtig»? Was ist «deutsch»? Wann beginnt überhaupt die «deutsche» Geschichte und welche? Sicherlich nicht erst mit der Schaffung der Staatsnation 1871. Aber wie man diese Fragen auch beantwortet – Zweifel werden immer bleiben. Einiges hätte anders entschieden werden können, als es in diesem Bändchen geschah, ohne dass sich das Verhältnis zwischen Zustimmung und Widerspruch gravierend verändern würde. «Wichtig» sind Personen für uns dann, wenn sie auf ihren Feldern eine einschneidende oder nachhaltige Rolle spielten – im positiven wie im negativen Sinne. Ab und an wird der Gang durch die Geschichte von fiktiven Personen durchbrochen, ohne die deutsche Geschichte kaum denkbar wäre, etwa der Deutsche Michel oder die Loreley. Möglichst breit gefächert sollten die Personen zusammengetragen werden – alle menschlichen Bereiche galt es zu würdigen, eine gewisse Ausgewogenheit über Epochen, soziale Gruppen und regionale Aspekte hinweg sollte erreicht werden. Dass Männer und Frauen nicht gleichgewichtig auftreten, ist bedauerlich, doch konnten wir in diesem Bändchen die Unterdrückungsgeschichte von Frauen nicht zum Maßstab nehmen. Wenn es um Zweifelfälle ging, haben wir uns jedoch für die Frau entschieden, so wird man beispielsweise den großen Mathematiker Carl Friedrich Gauß nicht finden, jedoch die wichtige Mathematikerin Emmy Noether. Ein epochales Ungleichgewicht kommt durch die dynamischen Entwicklungen im 19. Jahrhundert zustande: Wissenschaft und Technik schritten voran, die politische Emanzipation einzelner sozialer Gruppen setzte ein, die Welt bekam innerhalb kürzester Zeit ein neues Gesicht, viele Dinge ereigneten sich zum ersten Male. Wie man es auch dreht und wendet, es bleibt so: Personen, die man sich erhofft hätte, fehlen bisweilen, und es kommen Personen vor, die man nicht unbedingt erwartet hätte. Geordnet sind die Biographien chronologisch nach dem Geburtsjahr, um generationelle Aspekte sichtbar zu machen.

Unser Dank gilt den wissenschaftlichen Hilfskräften Michael Graupner, Susanne Jeck, Miriam Jost und Sarah Pimpl sowie Lydia Rifinius. Vom Verlag C.H.Beck aus betreuten das Bändchen Dr. Sebastian Ullrich und Carola Samlowsky – umsichtig wie stets, dafür danken wir.

Heidelberg, im Januar 2015
Edgar Wolfrum und Stefan Westermann

Arminius

Stammesfürst; geb. um 17 v. Chr., gest. um 21 n. Chr.

Sucht man nach Personen, die man als «deutsch» definieren und auf die ein «Deutscher» sich berufen kann, gibt es keine frühere Person als Arminius. Die Popularität des Stammesfürsten der Cherusker liegt in der Schlacht bei Kalkriese am Teutoburger Wald im Jahre 9 n. Chr. begründet, in der er Varus, den Oberbefehlshaber der römischen Legionen am Rhein, besiegte – aus dem Hinterhalt heraus und mit einer zahlenmäßig unterlegenen Armee. Die Motive für Arminius' Angriff liegen im Unklaren. Er selbst war – wie es die römische Strategie zur Assimilation der besiegten Stämme vorgab – nach Rom gebracht worden, hatte dort eine soldatische Ausbildung und das Bürgerrecht erhalten. Arminius war danach in seine Heimat zurückgekehrt und hatte als römischer Kommandeur einheimischer Hilfstruppen gedient. Die Römer strebten die Unterwerfung ganz Germaniens an, wogegen sich Arminius mit seinem Wissen um den militärischen Apparat der Römer wahrscheinlich wehren wollte. Als sich Varus mit seiner Armee ins Winterlager am Rhein zurückziehen wollte, streute Arminius Gerüchte, es gäbe einen Aufstand germanischer Stämme. Varus entschied daraufhin, einen anderen Weg einzuschlagen, allerdings führte der durch enges, sumpfiges Waldgebiet – ein idealer Platz für eine Guerilla-Schlacht, die Arminius für sich entscheiden konnte. Angesichts 15 000 gefallener Römer rief der römische Kaiser Augustus nach Erhalt der Nachricht schockiert und wütend aus: «Varus, gib' mir meine Legionen wieder!» Zu einem dauerhaften Zusammenschluss der germanischen Stämme führte dies aber nicht. Arminius wurde um 21 n. Chr. im innergermanischen Streit von den eigenen Verwandten ermordet. Trotzdem galt er künftigen Generationen als der Verteidiger gegen äußere Feinde schlechthin – und wurde in der kriegsbeladenen deutschen Geschichte zu einem zentralen nationalistischen Mythos.

Literatur: Dieter Timpe, *Arminius-Studien* (1970). – Günther Moosbauer, *Die Varusschlacht* (2. Aufl. 2010).

Tacitus

Römischer Historiker; geb. um 58 n. Chr., gest. um 120 n. Chr.

Aufrichtigkeit, Beständigkeit, Einfachheit, Ehrung der Frau und Familie, Kampfkraft, Liebe zum Wald, Treue, Unverdorbenheit: So lauten gemeinhin die deutschen Tugenden. Erstmals formuliert wurden sie vom römischen Historiker Tacitus um 98 n. Chr. in seiner Abhandlung «Germania», die wie viele andere seiner Werke erst im 15. Jahrhundert wiederentdeckt wurde. Er beschreibt darin Eigenschaften der Bevölkerung nördlich der römischen Grenze, die Cäsar in seinem «Gallischen Krieg» als «Germanen» einführte. Für eine Kritik an der römischen Dekadenz wertete Tacitus die Germanen mit positiven Attributen auf, um diese von der eigenen Gesellschaft einzufordern. Es spielte dabei keine Rolle, dass er selbst wahrscheinlich nie in den beschriebenen Gebieten war, er römische Begriffe für nicht-römische Phänomene verwandte oder dass es «die Germanen» als zusammenhängende Bevölkerungsgruppe gar nicht gab – die benötigte Folie war bedruckt. Die «Germania» ist somit keine neutrale Quelle, was Intellektuelle in der Folge aber nicht hinderte, sie für tagespolitische und traditionsstiftende Belange als solche zu nutzen. Über Jakob Wimpfeling, Turnvater Jahn, Richard Wagner oder die SS gewannen die Stereotypen an Wirkmacht, um die innere Einheit gegen äußere Feinde – etwa Franzosen, Osmanen oder den Papst – zu stärken. Imperiales und rassebiologisches Denken pervertierten diese Interpretationen. Die Quellenedition «Monumenta Germaniae Historica» oder das «Germanische Nationalmuseum» in Nürnberg sind noch heute Ausdruck der starken Fokussierung auf die «Germania».

Literatur: Christopher B. Krebs, *Ein gefährliches Buch* (2012). – Rudolf Much, *Die Germania des Tacitus* (3. Aufl. 1967). – Tacitus, *Germania*, übers. v. Manfred Fuhrmann (Nachdruck 2011).

Karl der Große

Römischer Kaiser; geb. 2.4.747/748, gest. 28.1.814 Aachen

Am Weihnachtstag des Jahres 800 setzte Papst Leo III. in Rom dem Frankenkönig Karl feierlich die Kaiserkrone auf. Als Gründervater Deutschlands und Frankreichs, als wahrhafter Europäer wird «Charlemagne» bis heute verehrt. Die Stadt Aachen, in deren Pfalzkapelle Karl bestattet worden war, stiftet seit 1949 den Internationalen Karlspreis für Personen, die sich um Europa verdient gemacht haben. Vom ersten bis zum letzten Jahr seiner Herrschaft führte er Krieg und war ein ebenso erfolgreicher wie brutaler Kriegsherr, der in einem jahrzehntelangen Kampf die heidnischen Sachsen unterwarf (785) und missionierte, die germanischen Stämme vereinte und ein fränkisches Großreich bildete, welches das abendländische Mittelalter prägte. Die Christenheit auszuweiten war sein Ziel, aber er tauschte auch Gesandtschaften bis nach Asien und Afrika aus. Karl erneuerte die Reichsorganisation und die Rechtspflege, die Hofkapelle wurde zum zentralen Verwaltungsorgan der weltlichen und geistlichen Ordnung. Als «karolingische Renaissance» sind die kulturellen Leistungen in die Geschichte eingegangen – Förderung von Bildung und Gelehrsamkeit. Karl versammelte die bedeutendsten europäischen Denker und Dichter an seinem Hof. Die karolingische Minuskel, eine aus Kleinbuchstaben gebildete Buchschrift, schreiben wir bis heute. Gewalt und Glaube bestimmten sein Leben, und so lässt sich Karl, dessen Beiname «der Große» sich um 1000 herum verbreitete, als «heiliger Barbar», der nach Wissen strebte, kennzeichnen.

Literatur: Johannes Fried, *Karl der Große* (3. Aufl. 2014). – Stefan Weinfurter, *Karl der Große* (2013).

Otto I.

Römischer Kaiser; geb. 23.11.912 Wallhausen (Sachsen-Anhalt), gest. 7.5.973 Memleben

Lange gehalten hatte das erneuerte Kaisertum Karls des Großen nicht: 843 schon wurde sein Reich in der Enkelgeneration gedrittelt, die Kaiserwürde 924 infolge ständiger Konflikte nicht mehr vergeben. Erst Otto I., seit 936 Herzog der Sachsen und gewählter König des ostfränkischen Reiches, gelang es, genug Macht zu konzentrieren und so diese Würde mit seiner Krönung 962 in Rom wieder zu beleben. Er band das «Römische Reich», das Kaisertum, somit an das Gebiet, das als Reichsgebilde bis 1806 Bestand haben sollte, legte den Grundstein zum späteren Zusatz «deutscher Nation». In zahlreichen inneren, teils familiären Konflikten setzte sich Otto gegen Konkurrenten durch, mit einer geschickten Heiratspolitik sicherte er sich die Kontrolle in den widerspenstigen Gebieten. Er festigte fortan mit vielen Reisen seine Herrschaft und errang gegen den stärksten äußeren Feind – die Ungarn – 955 auf dem Lechfeld einen deutlichen Sieg, sodass er ab diesem Zeitpunkt weitgehend unangefochten regieren konnte. Die für das Kaisertum wichtigsten Riten gehen auf ihn zurück. So verlegte er unter anderem den Krönungsort nach Aachen, führte die Zeremonie der Handreichung durch den Adel ein, zudem das Salben durch einen der Erzbischöfe und das demonstrative kollektive Krönungsmahl mit den anderen Herzögen des ostfränkischen Reiches. Stilbildend wirkten auch die Frauen seiner Zeit: Mutter Mathilde, Gattin Adelheid und Schwiegertochter Theophanu aus Byzanz gestalteten selbstbewusst den Hof und werteten ihn damit auf.

Literatur: Gerd Althoff, *Die Ottonen* (3. Aufl. 2013). – Matthias Becher, *Otto der Große* (2012). – Hagen Keller, *Die Ottonen* (4. Aufl. 2008). – Johannes Laudage, *Otto der Große* (2001).

Heinrich IV.

Römisch-deutscher Kaiser; geb. 11.11.1050 Goslar, gest. 7.8.1106 Lüttich (Belgien)

Kaum ein Leben war so von permanenten Konflikten geprägt wie seines: Bereits mit zwei Jahren zum König gekrönt, stand er unter mütterlicher Vormundschaft und wurde 1062 vom Kölner Erzbischof entführt, der damit Einfluss auf die Politik nehmen wollte. Seine Gegner bedrohten ihn mehrfach existentiell, drei Gegenkönige stellten sich ihm entgegen – so viele wie keinem anderen Kaiser. Es verwundert daher nicht, dass Heinrich wenig Bleibendes schaffen konnte. Zwar sicherte er seiner Dynastie die Macht und regierte 50 Jahre lang, was für die Zeitgenossen ein unglaublich langer Zeitraum war. Errungenschaften sucht man aber vergeblich, im Gegenteil: Unter Heinrichs Herrschaft verlor der kaiserliche Hof, der sich als weltlichen wie geistlichen Vorreiter sah, den Einfluss auf die Kirche in Rom. Papst wie Kaiser beharrten auf ihrem Führungsanspruch. Als es an die Nachfolgeregelung mehrerer Bischofsämter ging, eskalierte der Streit: Päpste und Gegenpäpste wurden gewählt, Heinrich gar mehrfach exkommuniziert. Der erste Kirchenbann von 1076 gefährdete Heinrichs Herrschaft besonders, da die Reichsfürsten mit der Aufstellung eines Gegenkönigs drohten. Mit dem Gang nach Canossa, dieser offen gezeigten demütigen Haltung, setzte Heinrich Gregor VII. derart unter Druck, dass Letzterer nicht umhin kam, den Kaiser wieder in den Schoß der Kirche aufzunehmen. Des Kaisers Macht im Ringen mit dem Papst war vorerst gesichert, aber auf eine völlig neue Basis gestellt worden.

Literatur: Gerd Althoff, *Heinrich IV.* (2006). – Egon Boshof, *Die Salier* (5. Aufl. 2008). – Tilman Struve, *Salierzeit im Wandel* (2006). – Stefan Weinfurter, *Canossa* (3. Aufl. 2007).

Hildegard von Bingen

Nonne; geb. 1098 Bermersheim (Alzey),
gest. 17.11.1179 Rupertsberg (Bingen)

Im Mai 2012 ist Hildegard von Papst Benedikt XVI. heiliggesprochen worden, kurz darauf erfolgte ihre Erhebung zur Kirchenlehrerin. Bereits Zeitgenossen in ganz Europa bewunderten die Durchsetzungskraft und das Charisma der bedeutendsten Mystikerin der deutschen Geschichte. Sie verliehen ihr ehrfurchtsvoll den Titel «Tischgenossin Gottes». Hildegard, eine der herausragenden Frauengestalten des Mittelalters, war eine Universalgelehrte, obwohl sie nur über mangelnde Lateinkenntnisse verfügte. Entweder ab 1106 oder ab 1112 lebte sie in einer Klause im Benediktinerkloster Disibodenberg, wo sie in die Regeln des Ordens eingeführt wurde. 1136 wurde sie zur Meisterin des Klosters gewählt. Unter dem Eindruck «göttlicher Inspiration» diktierte sie ihr Werk, das sich aus zehn Visionen zusammensetzt, und begründete um die Jahrhundertmitte ihren Ruf als «prophetissa teutonica». Allen Widerständen zum Trotz gründete sie ein Kloster auf dem Rupertsberg bei Bingen, ein unerhörter Akt. Fünf Jahre später stellte Kaiser Barbarossa jener Frau, die als seine «Beraterin» galt, einen Schutzbrief aus, welcher die Besitzungen und Rechte des Klosters bestätigte, das bald die hohe Zahl von 50 Nonnen beherbergte. Hildegards Predigtreisen zwischen 1158 und 1171 sorgten in mehrfacher Hinsicht für Wirbel: Nicht allein, dass sie sich in heilsgeschichtlicher Mission wähnte – als Prophetin durchbrach sie die traditionelle Rolle, der sie sich als Frau zu unterwerfen hatte, und attackierte zu alledem noch jenen Teil des Klerus, der ihrer Ansicht nach verrottet war. Mystikerin und Ärztin, Dichterin und «politisch» engagiert in einer von Männern dominierten Welt – der Kult um Hildegard von Bingen hält bis heute an, wenngleich in der modernen Hildegard-Renaissance ausgerechnet die natur- und heilkundlichen Schriften entzücken, deren Authentizität nicht verbürgt ist.

Literatur: Michaela Diers, *Hildegard von Bingen* (1998). – *Die Geschichte der Verehrung und des Kultes Hildegards von Bingen 1179–2012*, in: Archiv für mittelrheinische Kirchengeschichte, 65 (2013).

Friedrich I. (Staufer)

Römisch-deutscher Kaiser; geb. um 1122, gest. 10.6.1190 Silifke (Türkei)

Der Beiname des ersten Stauferkaisers – Barbarossa (Rotbart) – stammt ausgerechnet aus dem Teil des Reiches, in dem er seine härtesten Kämpfe auszufechten hatte. Was er kriegerisch erzwingen wollte, misslang: Die reichen Städte der Lombardei unterstellten sich Friedrich nicht. Mit dem Papst führte er den Kampf um die Vorherrschaft von geistlicher oder weltlicher Gewalt fort. Beide Konflikte entschieden sich 1176 in der Schlacht bei Legnano zugunsten der Gegner Friedrichs. In diesem Kontext fiel in einer kaiserlichen Urkunde erstmals der Begriff «heiliges Reich». Das Reich – und damit sein Herrscher – sei heilig und von Gott gegeben, nicht der Papst in Rom, womit sich der Begriff klar gegen diesen richtete. Nördlich der Alpen wollte Barbarossa das Reich konsolidieren, gestand den Fürsten dafür explizit Teilhabe an Entscheidungen zu – ein erheblicher Einschnitt zu einer Zeit, in der die Kaiser Gehorsam notfalls erzwingen mussten. Zudem erhoben andere Regenten wie jene Englands oder Frankreichs Ansprüche. Warum sollte nur der römische Kaiser Anrecht auf ein Handeln in göttlichem Namen haben? Um diese Ansprüche abzuwehren und den kaiserlichen Vorrang zu demonstrieren, stellte sich Barbarossa 1189 an die Spitze des Dritten Kreuzzuges – und ertrank beim Bad im Fluss Saleph. Als Erinnerungsfigur der folgenden Jahrhunderte überragte er sein reales Wirken. Er stand für konsensuale Herrschaft im Gegensatz zum einzelstaatlichen Egoismus und für Stärke gegen äußere Feinde.

Literatur: Knut Görich, *Die Staufer* (3. Aufl. 2011). – Knut Görich, *Friedrich Barbarossa* (2011). – Ferdinand Opll, *Friedrich Barbarossa* (4. Aufl. 2009).

Walther von der Vogelweide

Lyriker; geb. um 1170, gest. um 1230

«Ich saz ûf eime steine / und dahte bein mit beine...» – so beginnt ein bekanntes Lied Walthers. Da sitzt also der Liederdichter auf einem Stein, der ihm Halt gibt, schlägt ein Bein über das andere und beginnt über die Welt nachzudenken. Es ist ein Selbstporträt, das «Ich» spricht, und genau dies ist das Bemerkenswerte: Hier drückt sich ein neues Ich-Bewusstsein aus, das die eigene Person und Existenz zum Ausdruck bringt und das die mittelalterliche Lyrik so bisher nicht kannte. Natürlich war Walther auch ein Fürstendiener, der die Seiten wechseln konnte, und ein Speichellecker – das Künstlerdasein war nie ein Zuckerschlecken, und im Mittelalter zumal galt: «Wes Brot ich ess', des Lied ich sing». Walther war wie so viele ein lyrischer Wanderarbeiter, ein herumziehender Schausteller und Selbstanbieter, aber mit politischem Durchblick, der, gerade wenn es um den Papst ging, seine Seele nicht verkaufte. Schmähsprüche, Pamphlete, Herrscherschimpf und Preislieder durchziehen sein Wirken. Wiederentdeckt wurde er erst im 18. Jahrhundert, und das einzige außerliterarische Lebenszeugnis findet sich in den Aufzeichnungen eines Passauer Bischofs – in denen Walther bezeichnenderweise als Empfänger einer Geldgabe verzeichnet ist. Der fahrende Berufssänger hat ein umfangreiches Werk hinterlassen. Die Themen umfassen Liebe (raffiniert-innige Lieder von der Freude des Liebens), Moral (über die richtige und die falsche Lebensführung), Politik (über die bürgerkriegsähnlichen Zustände im Reich) und Religion (Papstkritik und die Hinwendung zu Gott). Walther war sich seines publizistischen Wirkens bewusst, er war «Meinungsmacher» in den politischen Kämpfen der Stauferzeit, und nicht von ungefähr hat sich ein späterer Chronist der Zeitgeschichte, Peter Rühmkorf, in die Tradition dieser, wie er sich ausdrückte, «genialsten Schandschnauze» des Mittelalters gestellt.

Literatur: Peter Rühmkorf, *Walther von der Vogelweide, Klopstock und ich* (1976). – *Walther von der Vogelweide, Gedichte*, hg. v. Peter Wapnewski (7. Aufl. 1980).

Friedrich II. (Staufer)

Römisch-deutscher Kaiser; geb. 26.12.1194 Ancona (Italien), gest. 13.12.1250 Lucera (Italien)

Dieser Herrscher, so ist einmal gesagt worden, sei der einzige, den die Italiener mit den Deutschen teilen wollten. Und es ist tatsächlich so, dass die Italiener ihn als einen der Väter des Vaterlandes vereinnahmen, während die Deutschen Friedrichs Großvater Barbarossa verehren. In Italien geboren und aufgewachsen verbrachte das «Kind aus Apulien», das im Alter von zwei Jahren zum deutschen König gewählt worden war, auch nach seiner Kaiserkrönung 1220 die meiste Zeit im Mittelmeerraum, wo der Schwerpunkt seiner Herrschaftsinteressen lag. Noch heute beeindrucken dort seine Kastelle, besonders das achteckige Castel del Monte auf einem Hügel bei Andrina. Mythen ranken sich um den faszinierenden Kaiser aus Sizilien, als «Staunen der Welt» wurde er zeitgenössisch apostrophiert, weil er christliche und muslimische Traditionen aufsog, sehr gebildet und Schirmherr der Wissenschaften und Künste war. Das «Moderne» an Friedrich erscheint uns heute, dass er eine Verwaltung aufbaute, den Staat als ordnenden Gesetzgeber (Konstitutionen von Melfi) einführte und in Neapel die erste staatliche Hochschule Europas schuf (1224). Mit dem Papst spitzte sich der Konflikt zu, Friedrich sollte später als «Antichrist» bezeichnet werden. Als er 1228 endlich zu einem lang versprochenen Kreuzzug in das Heilige Land aufbrach, erreichte er seinen Einzug nach Jerusalem nicht durch Blutvergießen und Kampf, sondern durch Verhandlungen und Diplomatie. Was uns heute als Meisterleistung erscheint, war seinerzeit fast Häresie. Dass der Feingeist zugleich ein grausamer Tyrann sein konnte, blendeten viele Verehrer aus – sein eigener Sohn fiel seiner Unbarmherzigkeit zum Opfer. So ist Friedrich tief im Mittelalter verhaftet und weist doch auf die Zukunft voraus: als Europäer, moderner Mensch und rationaler Denker.

Literatur: Olaf B. Rader, *Friedrich II* (4. Aufl. 2012). – Bernd Schneidmüller, Stefan Weinfurter, Alfred Wieczorek (Hgg.), *Verwandlungen des Stauferreichs* (2010).

Elisabeth von Thüringen

Landgräfin; geb. 1207 Sáros-Patak (Ungarn), gest. 17.11.1231 Marburg

Als Tochter des ungarischen Königs Andreas II. wurde sie bereits einjährig verlobt und kam mit vier Jahren zur Erziehung an den thüringischen Hof. Dort heiratete sie den Landgrafen Ludwig IV. und stand unter den religiösen Einflüssen der Beginen, Franziskaner und Zisterzienser. Konrad von Marburg, ihr Beichtvater seit 1226 und als rauer Asket bekannt, lenkte Elisabeth zusehends in karitatives Handeln und zur Abwendung vom höfischen Leben. Er wollte sie zur Vollkommenheit und Erlangung ihres Seelenheils führen, was sie seiner Vorgabe zufolge in der Verfolgung des Armutsideals erreichen konnte. In einer strenggläubigen Zeit folgte Elisabeth Konrads Anweisungen und stellte sich in den Dienst der Nächstenliebe. 1226 gab sie während einer Hungersnot landgräfliches Getreide und Arbeitsgerät an die Einwohner, damit diese sich ernähren konnten. Bemerkenswert sind auch ihre Gründungen von Krankenhäusern, 1226 am Fuße der Wartburg und 1228 in Marburg. Hier kümmerte sie sich aufopferungsvoll und in einer über das durchschnittliche Maß hinausgehenden Weise um die teils extrem entstellten Kranken. Elisabeth entsprach damit den neuen Formen der Frömmigkeit im 12. und 13. Jahrhundert, die sich angesichts des stärker werdenden Kontrastes zwischen reichem städtischen Bürgertum und der großteils verarmten Landbevölkerung ergaben. Sie selbst lebte Nächstenliebe vor und wurde dafür 1235 – vier Jahre nach ihrem krankheitsbedingten frühen Tod – heiliggesprochen.

Literatur: Daria Barow-Vassilevitch, *Elisabeth von Thüringen* (2007). – Ortrud Reber, *Elisabeth von Thüringen* (2009).

Karl IV.

Römisch-deutscher Kaiser; geb. 14.5.1316 Prag, gest. 29.11.1378 Prag

Traditionalist oder Modernisierer? Großer Kaiser oder vom Papst Abhängiger? Die Meinungen gehen auseinander über den Luxemburger Karl IV., der seit seiner ordentlichen Wahl 1349 und seiner Krönung in Rom 1355 als römisch-deutscher Kaiser amtierte. Er lebte in bewegten Zeiten: Bevölkerungswachstum, Pest und Klimakapriolen forderten die Gesellschaft heraus. Politisch wollte der erst zweite Luxemburger auf dem Thron die Vormachtstellung der Dynastie festigen. Karl IV. zeigte sich hier als moderner Herrscher, der die Verwaltung ausbaute und mit vertrauenswürdigen Fachkräften besetzte. Für die dafür notwendige Ausbildung gründete er in Prag eine Universität – die erste auf dem Boden des Reiches. Er wusste, dass er ohne die Fürsten machtpolitisch nichts erreichen konnte und suchte daher den Kompromiss, den er oftmals mit hohen Ausgleichszahlungen erkaufen musste. Karl IV. stand hier an der Schwelle zu einer neuen Aushandlung der Macht, die er rechtlich verlässlich in der Goldenen Bulle von 1356 regelte; sie sollte zukünftig das Kaisertum als stabile, konsensuale Wahlmonarchie ohne Gegenkönige sichern. Seine hohe Bildung, die er während seiner Jugendzeit am französischen Hof vermittelt bekam, ermöglichte Karl IV. – neben einer Autobiographie – einen umsichtigen Regierungsstil und adäquate Verhandlungen auch mit fremdsprachigen Partnern. Im Widerspruch zu diesen prägenden Errungenschaften steht der Umgang mit den Juden, deren Verfolgung und Enteignung er für das Füllen der eigenen Kassen tolerierte.

Literatur: Jörg K. Hoensch, *Die Luxemburger* (2000). – Ferdinand Seibt, *Karl IV.* (5. Aufl. 1985). – *Die Goldene Bulle Kaiser Karls IV. vom Jahre 1356*, hg. v. Wolfgang D. Fritz (1972).

Johannes Gutenberg

Drucker; geb. zwischen 1394 und 1399 Mainz, gest. 3.2.1468 Mainz

Johannes Gutenberg hinterließ in seinem Leben wenige Spuren. Sicher ist nur, dass seine geniale Druckmaschine die Welt revolutionierte. Seine frühen Jahre liegen weitgehend im Dunklen. Als Sohn eines Patriziers lässt sich lediglich annehmen, dass er eine Lateinschule besuchte und studierte. Konkret greifbar wird Gutenberg erst 1434, als er in Straßburg als Goldschmiedemeister in der Steuerkartei verzeichnet wurde. Als Metallhandwerker besaß er ein gutes Verständnis von technischem Gerät und war bestens vertraut mit den Techniken zur Legierung und Metallverarbeitung. Bald arbeitete Gutenberg im Geheimen an einer Erfindung, für die er sich immer wieder Geld leihen musste, das er aber selten zurückzahlen konnte, weshalb er Anlass zu Regressforderungen und Gerichtsprozessen gab. Davon unbeeindruckt gelang es Gutenberg, bestehende Druckmaschinen zu optimieren. Er entwickelte kleine Klötze, auf die er einzelne Buchstaben zog (Lettern). Aus einem Set an Buchstaben konnten so alle Texte flexibel und günstig gesetzt werden. Für die Klötze galt es, eine solide Mischung aus robustem, aber wegen des weichen Papieres nicht zu hartem Material zu finden. Ihre einheitliche Höhe sollte ein einheitliches Aussehen gewährleisten. Die Farbe musste gut ins Papier einziehen, durfte allerdings auch nicht von den Lettern tropfen. Die Druckmaschine sollte einen gleichmäßigen Druck auf die in einem Kasten zu einem Text gesetzten Lettern ausüben. Es waren die kleinen Dinge, die Gutenberg bis 1450 zu einem völlig neuen Druckprozess zusammensetzte. Bis dahin wurden Dokumente abgeschrieben, und Eliten monopolisierten Informationen und Wissen. Dieses konnten nun sehr schnell vervielfältigt und verteilt werden – eine Voraussetzung für die Reformation und die Wende zur modernen Mediengesellschaft. So hinterlässt Gutenberg am Ende doch etwas sehr Konkretes.

Literatur: Stephan Füssel, *Gutenberg und seine Wirkung* (1999). – Stephan Füssel, *Johannes Gutenberg* (3. Aufl. 2003). – Michael Giesecke, *Der Buchdruck in der frühen Neuzeit* (1998).

Jakob Fugger

Unternehmer; geb. 6.3.1459 Augsburg, gest. 30.12.1525 Augsburg

Das Ende war nahe: 1509 verstarb Melchior von Meckau, der die Fugger erheblich über deren eigenes Kapital hinaus unterstützt und somit erst die Grundlage für deren Expansion gelegt hatte. Mit seinem Tod begann ein Streit mit den Erben um Rückzahlungen, die die Fugger in den Ruin getrieben hätten. In der Stunde der Not bewährte sich aber das System, das vor allem Jakob Fugger etabliert hatte. Nachdem seine Großeltern 1367 in Augsburg ansässig geworden waren, bauten sie dort ihren Textilhandel aus, der sich rasch zum Großunternehmen entwickelte. Seit er 1506 die Geschäfte alleine führte, expandierte Fugger das Familienunternehmen sukzessive weiter und führte es an die Spitze der Montanindustrie. In der Kupferverarbeitung deckten die Fugger bis zu 40% des europäischen Bedarfs. Daneben tätigten sie Bank- und Kreditgeschäfte, finanzierten dabei die politische Elite. So machten sie die permanenten Wahl- und Kriegsabsichten der Kaiser Maximilian I. und Karl V. möglich, erlaubten Papst Julius II. die Anwerbung der Schweizergarde und verhalfen Albrecht von Brandenburg zu einer veritablen Abgabe an die päpstliche Kurie zur Erlangung der Mainzer Kurwürde. Diese Kontakte verschafften den Fuggern immer wieder geschäftliche und politische Bekanntschaften, die sie auch 1509 retteten. Jakob verstand es, soziale Netzwerke mit wirtschaftlicher Gewinnorientierung zu vereinen und etablierte die Fugger als europäische Handelsmacht. Ein riesiges System an Niederlassungen – auch an den großen Häfen Antwerpen, Lissabon und Venedig – entstand während seiner Amtszeit. Von aufwändigen Projekten im Überseehandel hielt sich Fugger aber fern und beschränkte sich auf den europäischen Warenumschlag. Ausdruck des zeitgenössischen Gedankens, die Wirtschaft habe dem Gemeinwohl zu dienen, sind noch heute die von Fugger gegründeten Sozialwohnungen in Augsburg.

Literatur: Mark Häberlein, *Die Fugger* (2006). – Götz Freiherr von Pölnitz, *Jakob Fugger* (2 Bde., 1949–1951).

Albrecht Dürer

Künstler; geb. 21.5.1471 Nürnberg, gest.6.4.1528 Nürnberg

Er war einer der bedeutendsten deutschen Künstler des Humanismus und der Reformation, vielleicht der größte Bildnismaler der Neuzeit. Zwei seiner Porträts waren auf den lange gebräuchlichen Zahlungsmitteln, den 5-DM- und 20-DM-Scheinen abgebildet. Kaum jemand hat sein berühmtes «Selbstbildnis» von 1500 nicht schon gesehen. Es besticht durch eine geheimnisvolle Ähnlichkeit mit Christusdarstellungen – eine gewagte Verknüpfung von Selbstporträt und Ikonenbildnis. Weithin bekannt sind auch das «Bild der Mutter», der «Feldhase» oder die «Betenden Hände». Dürer, der einer Kunsthandwerkerfamilie entstammte, war das Talent in die Wiege gelegt; bereits in jungen Jahren wandte er sich der Malerei zu und eröffnete nach vierjähriger Wanderschaft 1495 seine Werkstatt in Nürnberg, wo er als Graphiker für Holzschnitte und Kupferstiche arbeitete. Religiöse Motive und Porträts von großen Zeitgenossen prägten sein Schaffen. Aus kaufmännischer Sicht war Dürer seiner Zeit voraus, indem er seine Werke von Kunstagenten professionell vertreiben ließ. «Modern» war auch sein Outfit: Vornehme Kleidung, exzentrische Haar- und Barttracht, sein extravagantes Aussehen erkor er zum Markenzeichen. Künstlerisch brachten ihn Reisen voran: Nach Aufenthalten in Venedig entstanden mit «Apokalypse», der «Großen Passion» und dem «Marienleben» die Hauptwerke in der Holzschnitt-Kunst, und eine Reise in die Niederlande 1520 glich einem Triumphzug, wurde er doch von Fürsten, Künstlern und Sammlern als Künstler von europäischem Rang gefeiert.

Literatur: Anja Grebe, *Albrecht Dürer* (2. Aufl. 2013). – Anne Schiener, *Albrecht Dürer* (2011).

Nikolaus Kopernikus

Arzt, Astronom, Domherr, Jurist; geb. 19.2.1473 Thorn (heute Toruń/Polen), gest. 24.5.1543 Frauenburg (heute Frombork/Polen)

Mit einem Hobby die Welt revolutionieren? Nikolaus Kopernikus machte es vor: Die Astronomie verfolgte er neben seinen Jura- und Medizinstudien, vertiefte sich aber schnell und galt früh als Experte auf diesem Gebiet. Nach Abschluss seines Jurastudiums kehrte er 1503 nach Frauenburg zurück, wo er das Amt des Domherren – in das er bereits 1495 gewählt worden war – ausübte. In dieser Funktion vereinte er mehrere Aufgaben: Als Arzt kümmerte er sich um Kranke, als Wirtschaftspolitiker trug er zur Verbesserung des Münzwesens bei, als Geograph zeichnete er Karten seiner Heimatregion, als Bürokrat verwaltete er verschiedene Güter und Dörfer. Erschwerend trat hinzu, dass Kopernikus seine Ländereien durch den Streit zwischen dem Deutschordensstaat und Polen dirigieren musste. Die Astronomie verlor er, der selbst auf Erkenntnisse aus dem arabischen Raum zurückgreifen konnte, aber nicht aus den Augen. Die Frage nach dem Verlauf der Planetenbahnen beschäftigte ihn bereits seit seinen Kontakten zu Gegnern des geozentrischen Weltbildes des Ptolemäus während seiner Studien. Zahlreiche einzelne Erscheinungen sprachen gegen die Erde als Zentrum des Universums. Nach mathematischer Prüfung musste sich die Erde um sich selbst und wie die anderen Planeten um die Sonne drehen, anders ließen sich die Diskrepanzen nicht erklären – das heliozentrische Weltbild war geboren. Die physikalische Ausdifferenzierung dieses fundamentalen Wandels konnte erst in den folgenden Jahrhunderten – etwa durch Kepler und Galilei – mithilfe fortgeschrittener Technik wie Fernrohren erfolgen. Dem physikalischen Wandel entspricht weiterhin ein anthropologischer: Der Mensch stand nun nicht mehr im Mittelpunkt, sondern wurde zum Teil einer Natur, die ihre eigenen, erforschbaren Gesetze hatte – Wissenschaft definierte sich neu. Ein folgenschweres Hobby, das Kopernikus da hatte.

Literatur: Martin Carrier, *Nikolaus Kopernikus* (2001). – Jürgen Hamel, *Nicolaus Copernicus* (1994).

Martin Luther

Theologe und Reformator; geb. 10.11.1483 Eisleben, gest. 18.2.1546 Eisleben

Kein anderer Deutscher hat die Geschichte Europas zwischen dem Mittelalter und der Moderne stärker geprägt als er. 1505 trat er in den Orden der Augustiner-Eremiten ein, wurde zwei Jahre später zum Priester geweiht, an die Universität Wittenberg versetzt und dort promoviert. Der Wittenberger Mönch bot Kaiser, Papst und Kirche die Stirn, wollte die Universalreform der Christenheit und keine Kirchenspaltung, legte jedoch den Grundstein des Protestantismus. Alles entzündete sich am «Ablassstreit», zu dem Luther im Oktober 1517 seine 95 Thesen veröffentlichte. Er strebte nach der gemeindekirchlichen Erneuerung der Christenheit, am Ende jedoch standen die Partikularität von Landes- und Nationalkirchen. Kirchenbann und Reichsacht änderten nichts daran: Verlierer seiner Neuordnung war das Papsttum, denn Luther sprengte den mittelalterlichen Universalismus. Er vereinte vulkanisches Temperament und publizistisches Talent. Seine auf der Wartburg entstandene Übersetzung der Bibel ins Deutsche machte die Heilige Schrift für Volk sowie Fürsten zugänglich und förderte so die Vereinheitlichung einer deutschen Sprache. Langfristig bewirkte die von ihm angestoßene Reformation eine Pluralität und Gewissensfreiheit; im weltlichen Bereich kam der von ihm ausgelöste Differenzierungsschub dem frühmodernen Staat zu Gute. Sein religiös-eschatologisch begründeter Antijudaismus kann keinesfalls mit dem rassistischen Antisemitismus gleichgesetzt werden, dennoch trug er dazu bei, das Denken über die Juden zu vergiften.

Literatur: Thomas Kaufmann, *Martin Luther* (2. Aufl. 2010). – Volker Leppin, *Martin Luther* (2013). – Heinz Schilling, *Martin Luther* (3. Aufl. 2014).

Karl V.

Römisch-deutscher Kaiser; geb. 24.2.1500 Gent (Belgien), gest. 21.9.1558 Extremadura (Spanien)

Er herrschte über ein Reich, in dem «die Sonne niemals untergeht», schaffte es als römisch-deutscher Kaiser aber nicht, das Kerngebiet seiner Macht vor der konfessionellen Teilung zu bewahren. Fromm wie kaum ein anderer Kaiser wollte er die Welt unter dem Christentum einigen, verzettelte sich aber in vielen Kriegen. Die vorläufige Abwehr der Osmanen vor Wien 1529 fällt ebenso in seine Regierungszeit wie die blutige spanische Eroberung Südamerikas, die mit den Namen Cortés und Pizarro verbunden ist. Als Habsburger der spanischen Linie lenkte Karl V. seit 1519 die Geschicke des Heiligen Römischen Reiches, zusätzlich zu denen des Königreichs Spanien. Mit den spanischen Eroberungen herrschte er über Gebiete, die sich von den Philippinen im Osten bis Peru und das heutige Kalifornien im Westen erstreckten. Er sah sich als Bewahrer der Christenheit, wollte als einigender Herrscher die europäischen Sphären verbinden, scheiterte aber an diesen Zielen angesichts der Ansprüche starker Gegner: Mit Franz I. von Frankreich focht er erbitterte Kämpfe um die Hegemonie; er überwarf sich mit dem Papst; die Osmanen stellten bis 1529 eine permanente Bedrohung dar; im Reich führte Luthers Wirken zu einer Neuordnung, die Karl angesichts seiner kriegsbedingt langen Abwesenheit nicht aufzuhalten vermochte. Überhaupt warf sein Regierungsstil viele Fragen auf, die geregelt werden mussten – der moderne Verfassungsstaat findet hier seine Anfänge. Karl kämpfte somit an vielen Fronten, führte ein extrem dynamisches Leben und erreichte dabei nicht immer den für seine Herrschaft erstrebten Erfolg. So begründet sich Karls «Wichtigkeit» in der für ihn misslungenen Moderation dieser Umbrüche, weniger in seinen Erfolgen. Es verwundert daher nicht, dass er 1556 zugunsten seines Bruders Ferdinand abdankte und sich in ein Kloster zurückzog.

Literatur: Alfred Kohler, *Karl V.* (2. Aufl. 2013). – Luise Schorn-Schütte, *Karl V.* (3. Aufl. 2006). – Ernst Schulin, *Kaiser Karl V.* (1999).

Deutscher Michel

Symbol; geb. 1541 «Sprichwörter. Schöne, Weise, Herrliche Clugreden und Hoffsprüch» (Sprichwortsammlung von Sebastian Franck)

Weltweit gibt es Figuren, die zeigen, welches Bild eine Nation von sich selbst hat oder welche Stereotype sie auf andere projizieren. Die Franzosen etwa haben «Marianne», die USA «Uncle Sam» und die Deutschen ihren «Michel». Erstmals erwähnt wird er 1541 in einer Sammlung deutscher Sprichwörter. Da die hier eingeführte Figur an abwertende Sprachbilder gegenüber Bauern anknüpft, ist davon auszugehen, dass Michel bereits im Mittelalter zur Welt kam. Ob sich sein Name vom Erzengel Michael oder dem germanischen Wort mikhil (groß, mächtig) ableitet, ist unbekannt. In seiner Jugend hielt man Michel für einen dummen Bauern, einen Tagträumer, einen Trunkenbold. Sein Name eignete sich daher hervorragend, um den jeweiligen Gegner zu beschimpfen. Das zeigt eine Grundeigenschaft seiner Person: Sie ließ sich leicht an andere oder neue Kontexte anpassen. So wurde Michel später zum Symbol eines Ungebildeten, der kein Latein oder Französisch spricht, gleichzeitig stand er für die «reine» deutsche Sprache und den aufrichtigen Deutschen. Goethe machte ihn zum biederen Spießbürger, der nur an seiner privaten Gemütlichkeit interessiert war. Michel bekam dafür eine Zipfelmütze verpasst: Was entsprach eher diesem verschlafenen, beschränkten Charakter? Im Vormärz und während der Revolution von 1848/49 erreichte Michel seine größte mediale Popularität: Er schien aus seiner Lethargie zu erwachen und zu einem starken Gegenspieler der Monarchen zu werden, kuschte am Ende aber doch, sodass ihm seine Emanzipation verwehrt blieb. Während der Weltkriege galt er als Opfer der äußeren Feinde, die Nationalsozialisten forderten ihn daher zu größerer Aktivität auf. Im Kalten Krieg besaß Michel eine doppelte Staatsbürgerschaft, indem er die Deutschen in Ost und West symbolisierte. Heute vertritt er das vereinigte Deutschland und wird sich so schnell nicht zur Ruhe setzen.

Literatur: Bernd Grote, *Der deutsche Michel* (1967). – Tomasz Szarota, *Der deutsche Michel* (1998).

Albrecht von Wallenstein

Soldat; geb. 24.9.1583 Hermanitz (heute Heřmanice/Tschechien), gest. 25.2.1634 Eger (heute Cheb/Tschechien)

In einer der bewegtesten Zeiten des Deutschen Reiches übernahm Albrecht von Wallenstein eine Hauptrolle. Während des Dreißigjährigen Krieges kämpfte er für die kaiserliche Seite gegen Dänen, Franzosen, Niederländer und Schweden. Der materiell angeschlagene Kaiser Ferdinand II. benötigte finanzkräftige und loyale Mitstreiter wie Wallenstein. Mit unternehmerischem und militärischem Verstand wusste er eine effektive Truppe aufzubauen und den anfänglichen Aufstand in Böhmen gegen Ferdinand niederzuschlagen. Der Krieg ernährte ihn nun zusehends: Für seine Erfolge erhob ihn der Kaiser in den Fürstenstand und zum Herzog, seine eigenen Besitzungen erweiterte er infolge der Kriegshandlungen eigenständig und zog in den eroberten Gebieten eine Steuer ein, um seine Armee zu unterhalten. Die Bevölkerung wurde zwischen Krieg, Krankheit und Tribut zerrieben, ihre Zahl durch den Krieg enorm dezimiert. Wallenstein indes wurde als Oberbefehlshaber zur wichtigsten Stütze des Kaisers und besiegte 1629 die Dänen. Sein Erfolg weckte Neider, die eine zu große Machtfülle für Wallenstein befürchteten; sie erwirkten 1630 beim Kaiser seine Entlassung. Nach dem Einfall des Schwedenkönigs Gustav II. Adolf ins Reich 1632 war der Kaiser aber wieder auf Wallenstein angewiesen und reaktivierte ihn. Nachdem eigenständige Friedensverhandlungen Wallensteins mit den Schweden bekannt wurden, wurde er von seinen Gegnern verfolgt und von kaisertreuen Offizieren erstochen, sodass sich der Krieg letztlich auch von ihm ernährte.

Literatur: Golo Mann, *Wallenstein* (7. Aufl. 2006). – Josef Polišenský, Josef Kollmann, *Wallenstein* (1997). – Robert Rebitsch, *Wallenstein* (2012). – Georg Schmidt, *Der Dreißigjährige Krieg* (7. Auflage 2006).

Samuel von Pufendorf

Staatsrechtler; geb. 8.1.1632 Dorfchemnitz, gest. 26.10.1694 Berlin

Die deutsche Geschichte ist – von Alexander von Roes bis Jürgen Habermas – reich an Vordenkern, die sich mit dem Aufbau des Staates beschäftigten: Wie sollen Institutionen, wie Verfassung, Recht und Organe beschaffen sein? Welche Rolle soll der Mensch dabei einnehmen? Der erste weltweit bekannte Deutsche, der solche Fragen aufnahm, ist Samuel von Pufendorf, mit dem sich noch Locke, Rousseau und Jefferson auseinandersetzten. Nach Studien in Leipzig und Jena wurde Pufendorf Privatlehrer des schwedischen Gesandten in Dänemark. Der Sohn von Hugo Grotius vermittelte ihm 1661 einen Lehrstuhl für Natur- und Völkerrecht in Heidelberg, von wo er 1667 nach Lund wechselte. Als ernsthafter Jurist anerkannt und nicht als politischer Philosoph diffamiert, entstand hier sein Hauptwerk «De iure naturae et gentium libri octo», das zu einer der meistgelesenen und anregendsten Schriften Europas zum Naturrecht aufstieg. Nach zehn Jahren holte ihn der schwedische König an seinen Hof in Stockholm, wo Pufendorf hauptsächlich als Historiker arbeitete, genauso wie am brandenburgischen Hof ab 1688. Kern seiner Lehre war die starke Rolle des Staates. Nur dessen Funktionieren konnte die Freiheitsrechte der Bevölkerung garantieren, die deshalb ihre Widerstandsrechte zum eigenen Schutz an einen Herrscher abtreten sollen. Wichtig war für Pufendorf ein aus dem Christentum gespeister Wohlfahrtsgedanke: Jedes Gesellschaftsmitglied durfte sich nicht auf sich selbst beschränken, sondern hatte dem Anderen aktiv bei der Erlangung seines Wohles zu helfen. Bis heute prägt Pufendorf das deutsche Strafrecht: Nach seiner Lehre der Zurechenbarkeit kann ein Mensch nur für Taten belangt werden, zu denen er sich aus freiem und klarem Willen, nicht unter Einfluss von Zwang oder Krankheit, entscheidet. Diese langfristige, grundlegende Wirkung erklärt die zeitlose Bedeutung solcher Geistesgrößen.

Literatur: Klaus von Beyme, *Geschichte der politischen Theorien in Deutschland 1300–2000* (2009).

Glückel von Hameln (Glikl bas Judah Leib)

Unternehmerin; geb. 1645/1646 in Hamburg;
gest. 17.9.1724 Metz (Frankreich)

Glückel von Hameln ist der Prototyp einer emanzipierten Unternehmerin. Dies ist umso bemerkenswerter, da sie als Jüdin mit religiösen Anfeindungen zu kämpfen hatte und in Hamburg, wo sie als Tochter eines erfolgreichen Kaufmannes geboren wurde, mit permanenten Drohungen zur Zwangsbekehrung und Ausweisung konfrontiert wurde. Als sie 1661 einen Schmuckhändler aus Hameln heiratete und nach einem Jahr nach Hamburg zurückkehrte, schien ihr das Glück hold zu sein. Der Handel des Mannes florierte, ein europaweites Netz entstand. Glückel wurde dabei stets in die Geschäfte des Gatten einbezogen und entwickelte sich zu einer wichtigen Stütze. Als ihr Mann 1689 unerwartet verstarb und Glückel – von ihrer Familie im Stich gelassen – auf sich alleine gestellt war, entschloss sie sich, den Handel weiterzuführen, schließlich musste ein Einkommen für acht noch unmündige Kinder gesichert und ein Kapital für deren Zukunft aufgebaut werden. Neben der Kindererziehung kümmerte sich Glückel um die laufenden Geschäfte: Aufrechterhaltung der Handelsbeziehungen, Einkauf und Verkauf sowie der Besuch von Messen, daneben gründete sie noch eine Strumpffabrik. Es verwundert nicht, dass der auf ihr lastende Druck sie nicht zur Ruhe kommen ließ und sie ab 1691 begann, in den schlaflosen Nächten Memoiren zu schreiben, «daß ich nicht […] in melancholische Gedanken sollte kommen». Glückel von Hameln verfasste die erste bekannte Autobiographie einer Frau, die 1910 erstmals aus dem Jiddischen ins Deutsche übersetzt wurde. Der Geschäfte überdrüssig geworden und nach einem ruhigen Lebensabend suchend, heiratete sie 1700 einen Bankier aus Metz, der aber bald pleiteging und 1712 starb. Völlig mittellos kam Glückel bis zu ihrem Tod bei einer Tochter unter. Eine traurige Wendung für das Vorbild einer erfolgreichen Managerin und alleinerziehenden Mutter.

Literatur: Natalie Zemon Davis, *Mit Gott rechten* (2003). – Ingeborg Grolle, *Die jüdische Kauffrau Glikl (1646–1724)* (2011).

Gottfried Wilhelm Leibniz

Diplomat, Jurist, Mathematiker, Philosoph;
geb. 1.7.1646 Leipzig, gest. 14.11.1716 Hannover

Ihn als letzten «Universalgelehrten» zu bezeichnen, ist keine Übertreibung. So gut wie jedes Wissensgebiet des 17. und beginnenden 18. Jahrhunderts durchpflügte Leibniz. Die Frühaufklärung beeinflusste er stark. Im Alter von 13 Jahren verfasste er, so wird berichtet, an einem Morgen 300 Hexameter, mit 14 begann er seine Studien der Logik und las Werke von Kepler, Galilei und Descartes. Seine juristische Dissertation von 1667 war so brillant, dass man ihm gleich eine Professur anbot. Leibniz lehnte ab, denn er wollte nicht nur theoretisch, sondern praktisch tätig sein. 1673 stellte er an der Royal Society in London das Modell einer ersten mechanischen Rechenmaschine vor, die für alle Grundrechenarten einsetzbar war. Bald konzipierte er ein binäres Zahlensystem, auf dem die späteren Computer beruhten. Daneben führte ihn der diplomatische Dienst nach Paris, wo Leibniz die bedeutendsten Gelehrten der Zeit traf, und als Hofrat in Hannover versuchte er, mit Windmühlen die Harzer Bergwerke zu entwässern. Er wollte die katholische und protestantische Kirche wieder vereinen und den Gottesbeweis führen, widmete sich sprachwissenschaftlichen Forschungen, verfasste metaphysische Abhandlungen, was ihn am Ende seines Lebens zu den «Monaden» führte, einheitliche Substanzen, die sich überall in der Materie befänden. 1892 benannte Hermann Bahlsen seine von ihm erfundenen Butterkekse nach Leibniz; so ist er heute in aller Munde. Mehr hätte dem Genie sicher gefallen, dass der bedeutendste deutsche Wissenschaftspreis seit 1986 seinen Namen trägt.

Literatur: Hans Heinz Holz, *Leibniz* (2013). – Hans Poser, *Gottfried Wilhelm Leibniz* (2005).

Maria Sibylla Merian

Künstlerin und Naturforscherin; geb. 2.4.1647 in Frankfurt/Main, gest. 13.1.1717 in Amsterdam (Niederlande)

Ihr leiblicher Vater Matthäus wurde in den bekannten «Merian»-Reiseheften als Marke verewigt. Sie selbst beherrschte fundierte Analyse und anschauliche Darstellung wie kaum eine zweite. Als Stieftochter eines Malers und Zeichners erlernte Maria Sibylla Merian früh die entsprechenden Techniken und stellte bereits in jungem Alter selbstständig Kupferstiche her. Parallel begeisterte sie sich für die Entwicklung von Raupen, deren Verwandlung in einen farbenprächtigen Schmetterling für Merian Zeichen für Lebendigkeit und die Schöpfungskraft Gottes war. Während sie mit dem Handel von Farben und Leinwänden sowie mit Zeichenunterricht den Unterhalt für die Familie verdiente, vertiefte sie sich immer mehr in die Insektenkunde und hielt ihre Beobachtungen in detaillierten Zeichnungen fest. Das Thema fesselte Merian so sehr, dass sie für eine Forschungsreise nach Surinam (Südamerika) sparte und Eigentum verkaufte. Zwei Jahre blieb sie dort, unternahm im tropischen Klima eigenständig mit ihrer Tochter Vorstöße in die Natur, sammelte Insekten und zeichnete Abbilder von ihnen. Diese Arbeiten mündeten 1705 in Merians Hauptwerk zu den «Veränderungen der surinamschen Insekten», das durch die exakten farbigen Zeichnungen und wissenschaftlichen Erkenntnisse wie der Einteilung der Schmetterlinge in Nacht- und Tagfalter oder die Beschreibung der Metamorphosen epochemachend wirkte und bis heute aktuell ist. Merian verhalf der Insektenkunde zu einem Schub und wurde zu einer international angesehenen Forscherin.

Literatur: Natalie Zemon Davis, *Metamorphosen* (2003). – Maria Sibylla Merian, *Neues Blumenbuch* (2 Bde., Reprint 2003). – Katharina Schmidt-Loske, *Die Tierwelt der Maria Sibylla Merian* (2007). – Kurt Wettengl (Hg.), *Maria Sibylla Merian* (2004).

Johann Sebastian Bach

Komponist; geb. 31.3.1685 Eisenach, gest. 28.7.1750 Leipzig

Generationen von Musikern nennen Johann Sebastian Bach ihren größten Impulsgeber. Musikalisch gilt der Orgelvirtuose als «Meister» des Kontrapunktes, der Fuge und der Vokalmusik. Er gehört zu den meistgespielten Komponisten, wobei seine Werke jeweils von zwei Seiten aus zu betrachten sind: der musikalisch-künstlerischen wie der theologischen. Theologisch setzte er die lutherischen Choräle um und verband die Volksweisen mit dem sakralen Anspruch der Gottesdienste. Auch große Werke wie die Matthäus-Passion (1729) sind daher immer unter ihrem liturgischen Zweck zu sehen. Sogar als Person wurde Bach mit den stereotypen protestantischen Werten der Volksnähe, der Frömmigkeit, des Familienmenschen und harten Arbeiters identifiziert; derart eingeordnet stellen ihn die südlichen Kirchenfenster der Leipziger Thomaskirche vom Ende des 19. Jahrhunderts in eine Reihe mit Luther oder Gustav Adolf von Schweden. Seine Werke fanden – auch wenn deren fehlende Poesie angemahnt wurde – aber eine übergreifende, sogar widersprüchliche Aufnahme. Einerseits galt seine Kirchenmusik inmitten des aufgeklärten, säkularen Aufbruchs als altmodisch; andererseits regte er noch die Musik des 20. Jahrhunderts an. Zusammen mit Händel galt Bach der Nationalbewegung als Vertreter einer «deutschen Musik». Im Ersten Weltkrieg diente seine von festem Glauben geprägte Musik den Durchhalteparolen; das Interesse der Nationalsozialisten hingegen galt der pathetischeren germanischen Sagenwelt Wagners; das DDR-Regime stilisierte Bach mit den Attributen der Volksnähe zum Vorläufer des Sozialismus und nutzte «seinen» Thomanerchor als kulturellen Botschafter. Das Ausland zog ihn als lateinischen Musiker aus der rein deutschen Ecke. Bach ist somit global gesehen eines der größten Symbole deutscher Kultur und protestantischer Kirchenmusik.

Literatur: Martin Geck, *Johann Sebastian Bach* (2002). – Philipp Spitta, *Johann Sebastian Bach* (2 Bde., Reprint 1993). – Christoph Wolff, *Johann Sebastian Bach* (4. Aufl. 2011).

Friedrich der Große

Preußischer König; geb. 24.1.1712 Berlin, gest. 17.8.1786 Potsdam

Im Anfang steht Friedrich: Wenn die Geschichte Preußens zur allgemeinen deutschen Geschichte stilisiert werden konnte, liegt das an seinem politischen Wirken. Friedrich II., später verherrlicht als «der Große», legte die Grundlagen für den Hegemon, der die europäischen Entwicklungen bis 1945 mitprägte. Er machte aus dem Parvenü einen gefestigten, starken Mitspieler im europäischen Mächtekonzert und vollendete damit die Konsolidierung, die sein ungeliebter Vater, der «Soldatenkönig» Friedrich Wilhelm I., mit seinem spartanischen und auf militärische Sicherung bedachten Politikstil einleitete. In den Schlesischen Kriegen (1740–1742 und 1744–1745) und im Siebenjährigen Krieg (1756–1763) arrondierte er sein Staatsgebiet und erschloss die wichtige Montanindustrie des gerade eroberten Schlesiens. Schlachtenglück und Verschiebungen im gegnerischen Bündnissystem begünstigten Friedrich dabei wesentlich. Diese Offensivkriege um Machtinteressen und Rohstoffe begründeten aber auch Friedrichs Ruf als gewalttätigen Landräuber. Staatsbelange standen für ihn stets an erster Stelle. Er führte den Staat kühl und bürokratisch wie ein Unternehmen, das nicht pleitegehen durfte, behielt sich dabei jede Entscheidung selbst vor. Von anderen verlangte er die Leistung, die er selbst – sich als «ersten Diener des Staates» verstehend – einzubringen bereit war. Dem «Machtmenschen», der späteren Generationen als Vorbild eines starken geeinten Staates galt, steht der «Feingeist» gegenüber: Er vertiefte sich in die Philosophie sowie Musik, unterhielt philosophische Zirkel, spielte Querflöte und schrieb dafür eigene Konzerte. Mit seiner gelebten Bescheidenheit, Toleranzpolitik und Auffassung der Rechtsgleichheit wurde er Vorbild für seine eigene Bevölkerung und viele spätere Liberale. Der Begründer des «Mythos Preußen» wirkte auch als Person stilbildend.

Literatur: Ewald Frie, *Friedrich II.* (2012). – Johannes Kunisch, *Friedrich der Große. Der König und seine Zeit* (4. Aufl. 2005). – Johannes Kunisch, *Friedrich der Große* (2. Aufl. 2012).

Immanuel Kant

Philosoph; geb. 22.4.1724 Königsberg,
gest. 12.02.1804 Königsberg (heute Kaliningrad/Russland)

Er soll seine täglichen Spaziergänge stets zur gleichen Zeit gemacht und Schlafzeiten penibel eingehalten haben, sodass man die Uhr danach stellen konnte. Er verließ nie seine Geburtsstadt Königsberg, lieferte aber Entwürfe die ganze Welt betreffend: Ein komischer Kauz, dieser Immanuel Kant. Trotzdem oder gerade deswegen avancierten seine Werke zu Meilensteinen der Philosophiegeschichte. Er errichtete erstmals ein systematisches, widerspruchsfreies und über reine Behauptungen hinausgehendes Theoriegebäude, mit dem sich der Mensch objektiv Gedanken über sich und seine Umwelt machen konnte. Wie soll man die Welt treffend beschreiben, wenn jeder Mensch sie anders wahrnimmt und ihre Zusammenhänge unterschiedlich erklärt? Kant trennt die Ebenen der bestehenden Welt und der menschlichen Wahrnehmung davon. Der Mensch kann das, was er sieht, zwar beschreiben und mit seinem Denkvermögen ordnen, aber das Wesen des Gegenstandes ‹an sich› letztlich nicht begreifen – alles bleibt abhängig von der Perspektive einer Person (Subjektivität). Ein für alle gültiges Wissen (Objektivität) gibt es somit nicht. Unter ‹Vernunft› versteht Kant die Fähigkeit des Menschen, seine Umwelt Sinn machend zu ordnen und zu beschreiben. ‹Vernünftig› sind die Dinge, die auch für andere Menschen nachvollziehbar sind. Dabei sollte jeder Mensch in die Lage versetzt werden, sich selbst Gedanken über seine Welt machen zu können – Kants Idee der Aufklärung. Alle ‹Vernunftwelten› zusammengenommen, ergeben dann ein Gesamtbild. Grundlegend ist auch sein Begriff des «ewigen Friedens», der dann zustande käme, wenn die Staaten ihre Ziele rational verfolgten und sich darüber in Verträgen respektvoll und berechenbar verständigten. Mit diesen Ansichten legte er die Grundsteine der modernen Philosophie. Aus Königsberg in die Welt – da sieht man, was man mit Disziplin erreichen kann.

Literatur: Manfred Geier, *Kants Welt* (2005). – Otfried Höffe, *Immanuel Kant* (7. Aufl. 2007). – Manfred Kühn, *Kant* (5. Aufl. 2004).

Katharina die Große

Zarin; geb. 2.5.1729 Stettin (heute Szczecin/Polen), gest. 17.11.1796 Sankt Petersburg (Russland)

Sie regierte das größte Land Europas, festigte und erweiterte seine Macht. Im Konzert von Kaisern und Königen erwarb sie als einzige Frau der Geschichte den Beinamen «die Große». Die Deutsche Sophie Auguste Friederike von Anhalt-Zerbst wurde als «Katharina» 1762 Zarin von Russland und regierte 34 Jahre lang. Sie putschte ihren Mann Peter III., den sie 1745 auf Vermittlung Friedrichs des Großen geheiratet hatte, mit dem sie aber ob dessen Trunksucht und kindlicher Attitüden eine unglückliche und am Ende zerrüttete Ehe verband, vom Thron und sicherte sich in einem feinen Netzwerk – darunter auch 21 offizielle Liebhaber – die Macht. In zwei Kriegen gegen die Osmanen und in den drei Teilungen Polens erweiterte sie das russische Staatsgebiet. Sie richtete ein erfolgreiches weltliches Schulwesen ein, das Mädchen und Jungen vereinte. Die Verwaltungsreform von 1775 gliederte das Land in Provinzen und Distrikte, die von Sankt Petersburg aus effizient zu regieren waren. Sie reiste viel durch ihr Reich, um Probleme vor Ort kennenzulernen und dafür passende Lösungen zu finden. Daneben beeindruckte sie in ihrem Selbstverständnis als aufgeklärte Monarchin mit ihrem musischen Schaffen; sie schrieb Gedichte sowie kleine Opernstücke, war modebewusst und las viel. Gepaart mit großer Arbeitsdisziplin und Ausdauer avancierte sie zum Vorbild vieler Herrscher in Europa. Katharina konsolidierte Russland, führte es in die Riege europäischer Großmächte und war damit eine der mächtigsten Frauen der Geschichte.

Literatur: Vincent Cronin, *Katharina die Große* (2006). – G. Kuntze, *Erinnerungen der Kaiserin Katharina II.* (2013). – Isabel de Madariaga, *Katharina die Große* (2004). – Reinhold Neumann-Hoditz, *Katharina II. die Große* (9. Aufl. 2008).

Moses Mendelssohn

Philosoph; geb. 6.9.1729 Dessau, gest. 4.1.1786 Berlin

Er ist der prominenteste Vertreter eines Lebens in den zeitgenössisch als gegensätzlich empfundenen Kulturen des Deutschen und des Judentums. Er interpretierte dafür die jüdische Tradition neu, ohne sie aber preiszugeben. Grenzgänger Moses Mendelssohn avancierte zum wichtigsten Symbol der Haskala, der Epoche der jüdischen Aufklärung, die seit Mitte des 18. bis zum Ende des 19. Jahrhunderts mit dem Ziel eines modernen, weniger orthodoxen Lebensstils wirkte. Beide Gesellschaftsteile sollten sich so annähern können. Mendelssohn führte die deutsche Sprache und die weltlichen Fächer in den jüdischen Ausbildungskanon ein, brach damit die Gegensätze schon vor dem preußischen Emanzipationsedikt von 1812 auf. Seine Freundschaft zu Lessing hob diesen Integrationswillen auch symbolisch hervor. Angefeindet vom strenggläubigen Teil des Judentums, der eine Aufgabe der jüdischen Identität befürchtete, repräsentierte er für den anderen Teil die Abkehr von Aberglauben und Unbeweglichkeit hin zu Fortschritt und Bewegung. Er brachte die Juden positiv in Erscheinung, fortan spielten sie eine größere Rolle in der Literatur. Für viele markiert Mendelssohns Wirken den Beginn der modernen Geschichte der Juden. So erfuhr er, der 1763 gar den Preis der preußischen Akademie der Wissenschaften gegen Kant gewonnen hatte, noch lange Zeit nach seinem Tode große Verehrung. Bis in die Weimarer Republik hinein versuchte die jüdische Minderheit vergeblich, Mendelssohn als einen Gründervater der deutschen Nation zu etablieren.

Literatur: Dominique Bourel, *Moses Mendelssohn* (2007). – Shmuel Feiner, *Moses Mendelssohn* (2009). – *Moses Mendelssohn, Jerusalem oder über religiöse Macht und Judentum*, hg. v. Michael Albrecht (2005). – Christoph Schulte, *Die jüdische Aufklärung* (2002).

Johann Wolfgang von Goethe

Dichter und Naturwissenschaftler; geb. 28.8.1749 Frankfurt/Main, gest. 22.3.1832 Weimar

Friedrich von Schiller

Dichter; geb. 10.11.1759 Marbach (Neckar), gest. 9.5.1805 Weimar

Als «die» Symbole der deutschen Kultur im In- wie Ausland geben sie mit ihrem Schaffen bis heute den Bildungskanon vor. Goethe war dabei das Universalgenie: Neben der hohen Zahl an lyrischen, dramatischen und epischen Texten, aus denen viele geflügelte Worte der Deutschen hervorgingen, besticht die allgemeine Bandbreite seiner Arbeiten. Er schrieb Abhandlungen zum menschlichen Zwischenkieferknochen, zur Farbenlehre und zur Entwicklung von Pflanzen. Goethe wirkte als Kriegs- und Finanzminister im Herzogtum Sachsen-Weimar-Eisenach, wo erfolgreiche Reformen des Haushaltes und im Bergbauwesen mit seinem Namen verknüpft sind. Bekanntheit erlangte Goethe, als er mit «Götz von Berlichingen» und «Die Leiden des jungen Werthers» die Epoche des «Sturm und Drang» (1765–1790) mitbegründete, eine Zeit der Lossagung junger Schriftsteller von Autoritäten und den tradierten Regeln der Poetik. Sein späterer Freund Friedrich Schiller war ebenfalls stark von der Mentalität dieser Zeit geprägt; stärker als Goethe kritisierte der politischere und stürmische Schiller jedoch zeitgenössische Zustände des Absolutismus und der Ständegesellschaft. Auch genoss Schiller, der stets um persönliche Freiheit sowie Einkommen kämpfen musste und sich in seinen Werken an die Sprache der Bevölkerung lehnte, größere Popularität als der arrogant wirkende Goethe. Mit der Vertiefung ihrer Freundschaft, die beider Motivation und Ideenaustausch förderte, trieben sich beide zu Höchstleistungen und begründeten den Begriff des «Genies». Mit Herder und Wieland prägten sie die «Weimarer Klassik», die sich mit der Orientierung an der Antike wieder mit dem vermeintlich absoluten Schönen, Wahren und Guten beschäftigte.

Literatur: Peter-André Alt, *Friedrich Schiller* (2. Aufl. 2009). – Dieter Borchmeyer, *Goethe* (1999). – Rüdiger Safranski, *Goethe und Schiller* (2009).

Karl August Fürst von Hardenberg

Beamter; geb. 31.3.1750 Essenrode (Gifhorn), gest. 26.11.1822 Genua (Italien)

Heinrich Friedrich Karl Reichsfreiherr vom und zum Stein

Beamter; geb. 26.10.1757 Nassau/Lahn, gest. 29.6.1831 Cappenberg

Die Niederlage war vernichtend und alles lag in Trümmern. Nicht nur militärisch handelte es sich um ein unbeschreibliches Debakel, das die Preußen in der Doppelschlacht von Jena und Auerstedt 1806 gegen den neuen Herren Europas, Napoleon Bonaparte, erlitten: Der einst so stolze Staat geriet ins Wanken, und die Gefühlslage der Mächtigen wie der einfachen Menschen befand sich auf dem Nullpunkt. Kaum jemand hätte einen Taler auf die Zukunft Preußens verwettet. In dieser dramatischen, ja existenzgefährdenden Situation entwickelten hohe Beamte und Offiziere neue Leitlinien der Politik, die helfen sollten, die Krise zu überwinden, den Staat zu reorganisieren und zu neuer Kraft zu kommen. Diese preußischen Reformen zwischen 1807 und 1815, nach ihren Hauptinitiatoren als Stein-Hardenbergsche Reformen bezeichnet, waren eine Art «Revolution von oben» und betrafen sämtliche Bereiche: Verwaltung, Agrarverfassung, Gewerbeordnung, Bildungswesen und Militär. Die Bauernbefreiung wurde eingeleitet, die kommunale Selbstverwaltung eingeführt, das Militär für Bürgerliche geöffnet und die Prügelstrafe abgeschafft, Juden gleichgestellt. Die Reformer, unter ihnen auch Scharnhorst, Gneisenau und Wilhelm von Humboldt, hatten eines begriffen: Ein Zurück gab es nicht, und wer starrsinnig gegen die Ideen von 1789 zu regieren versuchte, dem drohte der Untergang. Stein und Hardenbergs großer Plan, veröffentlicht in den Nassauer und Rigaer Denkschriften: Preußen bürokratisch modernisieren, damit es militärisch erstarke. Nur so könne man sich von der napoleonischen Umklammerung lösen und eine europäische Machtstellung zurückgewinnen.

Literatur: Walter Hubatsch, *Die Stein-Hardenbergschen Reformen* (1989). – Reinhardt Koselleck, *Preußen zwischen Reform und Revolution* (1967).

Alexander von Humboldt

Botaniker, Geograph, Mineraloge; geb. 14.9.1769 Berlin, gest. 6.5.1859 Berlin

Wilhelm von Humboldt

Bildungspolitiker, Diplomat und Sprachwissenschaftler; geb. 22.6.1767 Potsdam, gest. 8.4.1835 Berlin

Sie bewirkten enorme Fortschritte in ihren jeweiligen Tätigkeitsfeldern. Dabei waren die Humboldt-Brüder eigentlich für eine Karriere im Staatsdienst vorgesehen, entdeckten aber während ihres Studiums in Göttingen ihre Passionen: Alexander die Natur-, Wilhelm die Geisteswissenschaften. Dank ihrer Eltern hatten beide schon früh Kontakt zum preußischen Hof und zu hochrangigen Ausbildern, wie Gottlob Christian Kunth oder Christian Wilhelm Dohm, verkehrten in mehreren Diskussionszirkeln – in gewisser Weise war ihr Weg vorgezeichnet. Alexander, der unentwegt Reisende, Ungebundene, dokumentierte und systematisierte mit seinen Feldforschungen in Indien, Mittel- und Südamerika und Sibirien die Welt, erlangte dabei globale Bekanntheit und wurde sogar vom US-Präsidenten Jefferson zu einem mehrwöchigen Aufenthalt bei ihm eingeladen. Der zurückgezogenere Wilhelm widmete sich theoretischen Auseinandersetzungen zu Geschichtsschreibung, Philologie und Verfassungsfragen. Als Experten waren beide stets gefragt: Zusammen belebten sie mit ihrem disziplinübergreifenden Wissenschaftsverständnis die preußische «Akademie der Wissenschaften». Als Leiter des preußischen Unterrichtswesens nahm Wilhelm entscheidend Einfluss auf die Bildungsreformen der Jahre 1808/09, stärkte die Schule als zentralen Ort der Bildung und wertete das Gymnasium auf. Als Gesandter vertrat er beim Vatikan und am Wiener Hofe die Interessen Preußens. Mit ihrem breiten Horizont stehen die Humboldt-Brüder für das durch Bildung erworbene, unabhängige und eigenverantwortliche Denken und Handeln. Sie prägten somit maßgeblich das Bild der Deutschen als «Dichter und Denker».

Literatur: Lothar Gall, *Wilhelm von Humboldt* (2011). – Manfred Geier, *Die Brüder Humboldt* (2009).

Ludwig van Beethoven

Komponist; geb. 17.12.1770 Bonn, gest. 26.3.1827 Wien (Österreich)

Bereits zu Lebzeiten feierte man Beethoven neben Mozart als das bedeutendste europäische Musikgenie. Viele Zeitgenossen sahen in ihm den energischen Künstler, Sinnbild des Willens und göttlicher Inspiration. Doch eine schwächliche Gesundheit plagte das angebliche Kraftgenie. Der ehrgeizige Vater wollte den Jungen zum Wunderkind machen, als Vierjähriger musste er auf dem Stuhl stehend Klavier spielen, sodass er den Ruf eines fleißigen, hochbegabten Musikers genoss. Einer der Größten seiner Zeit, Joseph Haydn, nahm ihn als Schüler zu sich. Dort, in Wien: rastloses Schaffen, dramatisch-hochexpressive Konzerte, begeisterte Reaktionen und ein Schock: Sein Gehör verschlechterte sich, Selbstmordgedanken. Der Verzicht auf äußere Lebensansprüche führte zur «heroischen Phase» von 1800 bis 1812. In kurzer Zeit entstanden Sinfonien, Klavierkonzerte und seine einzige Oper «Fidelio». Beethoven fiel nach der heiteren 8. Sinfonie in tiefe Depression. Es sind seine dunklen Jahre, 1817 war die Taubheit so weit fortgeschritten, dass er die Musik nicht mehr hörte. Aufbäumen, «durchs Dunkel zum Licht». Diese dramatische Idee zeichnete schon die 5. Sinfonie mit ihren berühmten vier Anfangstönen aus. Im Finale der 9. Sinfonie strebt er mit der «Ode an die Freude» nach einer Welt mit besseren Menschen, die sich solidarisch Zukunftszuversicht vermitteln. Der Musikfürst als rebellischer Republikaner? Es verwundert nicht, dass keine andere musikalische Schöpfung bis heute solch ungebrochene Aktualität aufweist.

Literatur: Martin Geck, *Ludwig van Beethoven* (5. Aufl. 2001). – Malte Korff, *Ludwig van Beethoven* (2010).

Georg Wilhelm Friedrich Hegel

Philosoph; geb. 27.8.1770 Stuttgart, gest. 14.11.1831 Berlin

Sie suchten wie Goethes Faust das, «was die Welt im Innersten zusammenhält», eine philosophische Erklärung über die Abläufe der Welt und wie man diese in einem objektiven Sinne erfahren und beschreiben kann. Sie fragten nach den Eigenschaften der Welt und wie diese das Sein in ihr beeinflussen. Was kann ein Mensch wissen, der nur seine eigene Wahrnehmung hat? Wie kann der Mensch aus seinem rein menschlichen Vorstellungsvermögen etwas erschließen, das außerhalb und über seiner Person steht, das ihn selbst hervorgebracht hat und wovon er nur ein Teil ist? Die Autoren des sogenannten «Deutschen Idealismus» versuchten Kant zu erweitern und eigene Systeme anzubieten. Fichte sprach sich für ein stärker deduktives System aus, in dem aus den verschiedenen zu beobachtenden Prinzipen der große, objektive Weltentwurf gefolgert werden sollte. Schelling gelangte an einen ähnlichen Punkt: Aus einem allgemeinen Bauplan der Welt ergebe sich die individuelle Vielfalt aus verschiedenen Entwicklungsstufen des natürlichen und geistigen Grundpotentials. Allen Konzepten ist gemein, dass sie das Bewusstsein des Menschen von sich selbst voraussetzen, allerdings nur als Teil der übergeordneten Gesamtwelt. Hegel brachte diese Überlegungen mit seinen Entwürfen zu einem Abschluss. Erkenntnis über die Welt – so Hegel, mit dessen Tod infolge einer Choleraerkrankung die Epoche der Idealisten als beendet angesehen wird – entwickelt sich in immer feineren Schritten weiter: Schwachstellen einer Theorie werden aufgezeigt und modifiziert; dieser Prozess wiederholt sich wieder und wieder. Der Mensch tastet sich somit immer mehr an den ganzen Horizont der Welt heran, bis er ihn erreicht. Hegel überwand so den Gegensatz von Subjektivität und Objektivität, an dem die anderen Systeme scheiterten. Er machte sich so zum Vater der Dialektik und beendete Fausts Suche.

Literatur: Hans Friedrich Fulda, *Georg Wilhelm Friedrich Hegel* (2003). – Gerhard Gamm, *Der Deutsche Idealismus* (Nachdruck 2012). – Franz Wiedmann, *Hegel* (20. Aufl. 2003).

Luise von Mecklenburg-Strelitz

Preußische Königin; geb. 10.3.1776 Hannover, gest. 19.7.1810 Hohenzieritz

Die preußische Geschichte ist arm an charismatischen Frauen. Affären und Gleichgültigkeit bestimmten das Verhältnis der Regenten zum weiblichen Geschlecht. Da kam Luise von Mecklenburg-Strelitz gerade recht: Mit ihrer Herzenswärme und attraktivem Aussehen verzauberte sie einerseits den preußischen Thronfolger Friedrich Wilhelm II., andererseits dessen Volk, das bereits zum Zeitpunkt der Hochzeit begeistert von ihr war. Sie galt als menschlich und natürlich, führte eine echte Liebesbeziehung und widersetzte sich dem Hofzeremoniell – die Bevölkerung hatte endlich wieder positive Anknüpfungspunkte. In der Niederlage gegen Napoleon stand sie ihrem Mann treu zur Seite, floh mit ihm nach Ostpreußen und versuchte am 6. Juli 1807 in Tilsit vergeblich, Napoleon, der von ihr angetan war, persönlich von einem für Preußen harten Friedensvertrag abzuhalten. Auf die zaudernde Politik Friedrich Wilhelms nahm sie Einfluss und unterstützte die preußischen Reformer – eine Rolle, die Historiker des 19. Jahrhunderts relativierten, da sie einer Frau nicht geziemte. Wie beliebt sie war, zeigt die schnell einsetzende Romantisierung nach ihrem Tod. Sie galt als starke, treue und volksnahe Frau, als Retterin Preußens, ohne die das Kaisertum von 1870/71 nicht denkbar gewesen wäre. Ihr früher krankheitsbedingter Tod symbolisierte für viele den Kummer, den sie für ihr Vaterland auf sich genommen hatte. Luise steht für das, was Frauen in höchsten politischen Kreisen trotz der zeitgenössischen Rollenzuschreibung erreichen konnten.

Literatur: Günter de Bruyn, *Preußens Luise* (2001). – Luise Schorn-Schütte, *Königin Luise* (2003). – Thomas Stamm-Kuhlmann, *König in Preußens großer Zeit* (1992). – Johannes Thiele, *Luise von Preußen* (2010).

Friedrich Ludwig Jahn

Turner und Politiker; geb. 11.8.1778 Lanz/Prignitz,
gest. 15.10.1852 Freyburg/Unstrut

«Turnvater Jahn» ist zum Mythos geworden, doch schwankte sein Charakterbild in der Geschichte erheblich. Jahn war ein ziemlich renitenter Schüler, Studienabbrecher und verdingte sich als Hauslehrer. In der Zeit der Freiheitskriege gegen Napoleon, die als Geburtsstunde eines deutschen Nationalbewusstseins gelten können, schlug seine Stunde. «Turnen» war nichts Unpolitisches, im Gegenteil: Jahn sah die Turnerbewegung als Vorbereitung auf den Krieg, übte mit Gleichgesinnten das Exerzieren und Fechten, stärkte die körperliche Ausdauer durch Märsche und Schwimmen in Flüssen. In seiner Schrift «Die Deutsche Turnkunst» (1816) erklärte er, das Turnen solle dazu dienen, «kräftige Verteidiger des Vaterlandes zu erschaffen». Jahn war ein völkischer Nationalismus eigen, der rassistische und antisemitische Elemente einschloss. Im Vormärz, als sich die Restauration der Monarchen über Europa legte, war der Nationalismus eine Art Befreiungsideologie, und die Turnbewegung wurde mit den Karlsbader Beschlüssen 1819 als «staatsgefährdend» verboten. Jahn durfte sich nicht politisch betätigen, galt als Opfer des absolutistischen Staatswesens. 1848 agierte er in der Paulskirche auf dem rechten Flügel, während die Anhänger der Turnbewegung entschieden demokratisch eingestellt waren und sich von ihm abwandten. Mit der nationalistischen Wende der Turnerschaft im Kaiserreich wurde Jahns Mythos befeuert, das «Dritte Reich» erkor ihn zum «Volkserzieher» von Kameradschafts- und Opfergeist. Bis heute tut man sich schwer mit ihm: Maßlosigkeit, Frankophobie und Antisemitismus verdunkeln Jahns Bild, ganz gleich, ob seine Ansichten zur «Volkstümlichkeit» Kern einer eher demokratischen Gesinnung waren oder nicht. Unbestritten ist dagegen seine sporthistorische Bedeutung: Vom Barren über das Reck bis zum Schwebebalken erfand Jahn fast alle wichtigen Turngeräte.

Literatur: Barbara Vogel, *Wer war Turnvater Jahn?*, in: Sozial- und Zeitgeschichte des Sports, 13 (1999) – Oliver Ohmann, *Friedrich Ludwig Jahn* (2009).

Jacob Grimm

Literatur- und Sprachwissenschaftler; geb. 4.1.1785 Hanau, gest. 20.9.1863 Berlin

Wilhelm Grimm

Literatur- und Sprachwissenschaftler; geb. 24.2.1786 Hanau, gest.16.12.1859 Berlin

Als die viel gerühmten «Väter der Germanistik» damit begannen, Volkslieder und Sagen zu sammeln, waren sie weder Gelehrte noch Germanisten, sondern begeisterte Zwanzigjährige. Hänsel und Gretel, Frau Holle, Rotkäppchen, Rumpelstilzchen oder König Drosselbart – in welcher deutschen Kinderstube ist nicht das eine oder andere vorgelesen worden? Diese keineswegs immer lustige Volkspoesie gehört nicht nur in das Schatzkästlein der Deutschen, nein, die Grimmschen Handexemplare der Kinder- und Hausmärchen fanden 2005 Aufnahme in das Weltdokumentenerbe der UNESCO. Nach dem Zusammenbruch der napoleonischen Herrschaft und der Wiederherstellung des Kurfürstentums Hessen wurden beide zunächst in Kassel Bibliothekare, bevor sie nach Göttingen wechselten. Niemals, so schworen sie, wollten sie sich trennen, und so tauchten sie fast überall gemeinsam auf, gehörten den rebellischen «Göttinger Sieben» an, die gegen die Aufhebung der Verfassung durch den König protestierten, wurden 1837 aus der Universitätsstadt vertrieben. Jacob fand sich 1848 in der Frankfurter Paulskirche wieder. 1852 gaben sie das «Deutsche Wörterbuch» heraus. Die «Deutsche Grammatik» von Jacob ist ein bahnbrechendes Werk der modernen Etymologie, weshalb er seinen Bruder schon zu Lebzeiten ein wenig in den Schatten stellte. Aber auch Jacob ist trotz dieser ungeheuren Einzelleistung undenkbar ohne Wilhelm, und in dieser lebenslangen Symbiose liegt das Geheimnis der Produktivität der Gebrüder Grimm.

Literatur: Steffen Martus, *Die Gebrüder Grimm* (2009).

Heinrich Heine

Dichter; geb. 13.12.1797 Düsseldorf, gest. 17.2.1856 Paris (Frankreich)

Großer Lyriker, Vermittler zwischen den Erbfeinden, zeitgenössisch-kritischer Kommentator: Heute zeigt sich Heinrich Heine als einer der bedeutendsten deutschen Dichter. Da sich seine Texte vielfach – stellvertretend sein «Lied der Loreley», das auch den Mythos um die Titelperson erst ins Rollen brachte – für Lieder eigneten, ist er gar der am meisten vertonte deutschsprachige Autor. Dabei war der promovierte Jurist zu Lebzeiten äußerst umstritten. Sein Stern ging 1827 auf, als er mit seinem Lyrikband «Buch der Lieder» als neuer «Star» die Romantik mit modernen, pointierten und volksnahen, aber auch ironischen Elementen belebte. Aus den nationalistischen Kreisen jedoch erfuhr er als Jude, der das «deutsche Wesen» nicht verstehen könne, heftige Ablehnung. Für seine Werke, die die politischen Zustände der Zeit kritisierten, wurde er mit Zensur belegt. Es verwundert daher nicht, dass sich Heine diesen Zuständen entziehen wollte, indem er 1831 nach Paris – für ihn die Stadt am Puls der Zeit – zog. Aus diesem für eine kurze Zeit angelegten Exil wurde ein dauerhaftes; bis zu seinem durch ein Nervenleiden bedingten Tod kehrte er nur kurz in seine Heimat zurück. Anfeindung wie Erfolg blieben ungebrochen: Im Deutschen Bund wurde Heine nun auch als «Vaterlandsverräter» diffamiert, in Frankreich zum Zeichen positiven Deutschtums stilisiert. Er versuchte mit Texten beide Gesellschaften einander anzunähern, warnte aber auch vor den negativen Folgen des deutschen Nationalismus. Sein Blick blieb weiterhin nach Deutschland gerichtet. Im Gedicht «Die schlesischen Weber» (1845) schlug Heine einen stark gesellschaftskritischen Ton an, in «Deutschland. Ein Wintermärchen» (1844) karikierte er die staatlichen Verhältnisse. Heine war somit mehr als ein reiner Lyriker: Er begleitete seine Zeit kritisch und gilt daher als Gründer des deutschen Feuilletons.

Literatur: Gerhard Höhn, *Heine-Handbuch* (3. Aufl. 2004). – Christian Liedtke, *Heinrich Heine* (2006). – Joseph A. Kruse, *Heinrich Heine* (2005).

Helmuth Karl Bernhard von Moltke

Soldat; geb. 26.10.1800 Parchim (Mecklenburg), gest. 24.4.1891 Berlin

«Erst wägen, dann wagen», lautete Moltkes Motto, der nach den Kriegen von 1866 und 1871 erfolgreichster Feldherr seiner Zeit und populärer als Bismarck und dessen Kriegsminister Roon war. Krieg war für den Mecklenburger, dessen Karriere in der dänischen Armee begonnen hatte, bevor er 1822 in die preußische übertrat, ein Glied der göttlichen Weltordnung. Da er von der Idee eines «ewigen Friedens», wie ihn Kant beschworen hatte, nichts hielt, entwickelte Moltke den Kriegsdenker Clausewitz weiter. War für jenen der Krieg die Fortsetzung der Politik mit anderen Mitteln, jedoch nur als ultima ratio, so radikalisierte Moltke diese Anschauung: «Der Krieg hat zum Zweck, die Politik der Regierung mit den Waffen durchzuführen.» 1858 wurde er zum Chef des Großen Generalstabs der preußischen Armee ernannt, und schnell zeigte sich seine Handschrift. Er reorganisierte die einzelnen Stäbe, öffnete die Kriegsakademie für die Mittelklasse und trieb den Ausbau des Eisenbahnnetzes voran. Moltke wurde zum Wegbereiter des modernen Volkskrieges, einer Vorstufe des «totalen Krieges» und erkannte den Zusammenhang von Kriegsführung und technischer Entwicklung. Er begründete wesentliche Traditionen im Führungsdenken deutscher Streitkräfte. Zeitgenössisch übliche Ermattungsstrategien verwarf er und setzte an ihre Stelle die Vernichtung des Gegners. Moltke gilt heute als Inkarnation des an sittliche Maßstäbe gebundenen genialen Feldherrn – doch wäre er der Geister, die er rief, im modernen Krieg wieder Herr geworden?

Literatur: Roland G. Foerster (Hg.), *Generalfeldmarschall von Moltke* (1991). – Gerhard P. Groß, *Mythos und Wirklichkeit* (2012). – Wolfgang Venohr, *Helmuth von Moltke*, in: Sebastian Haffner, Wolfgang Venohr (Hgg.), Preußische Profile (1980).

Loreley

Sagengestalt; geb. 1801 «Zu Bacharach am Rheine»
(Ballade im Roman «Godwi» von Clemens von Brentano)

Rheinkilometer 554 bei Oberwesel: Ein in den Fluss ragender Schieferfelsen verengt die Strecke und lässt Strömungen entstehen, sodass diese Stelle jahrhundertelang eine der gefährlichsten der deutschen Binnenschifffahrt war. Zudem verursacht die steile Felsenwand ein starkes Echo, das man im Mittelalter im Gestein lebenden Zwergen zuschrieb. Stoff genug, um aus Einzelaspekten eine ganze Sage zu konstruieren, die eine der bekanntesten Figuren aus Deutschland hervorbrachte: die Loreley. Clemens von Brentano vereinte 1801 erstmals Bausteine zu einer Ballade und traf damit den Nerv der aufkommenden Romantik, deren Autoren mithilfe traditionsreicher Mythen an einer Nationalidentität bastelten. Sie gingen fälschlicherweise davon aus, dass der Stoff bereits vor 1801 Bestandteil deutscher Sagen war, verarbeiteten ihn trotzdem enorm produktiv. Als Heine 1824 sein Gedicht zur «Lore-Ley» veröffentlichte, verfestigten sich die Merkmale der Figur: Ihr goldenes Haar kämmend sitzt sie auf dem Felsen und singt, wartet auf ihre große, aber desinteressierte Liebe. Dafür verfallen die vorbeifahrenden Schiffer ihrem Gesang, sind abgelenkt und zerschellen am Felsen. Mit der Vertonung von Heines Gedicht durch Friedrich Silcher 1837 gewann die Loreley im gewaltigen Aufschwung der Gesangvereine an Popularität. Der durch das Dampfschiff wachsende Rheintourismus hatte in ihr ein Zugpferd, das sich mit Souvenirs und Weinlokalen gut vermarkten ließ. Als «Wächterin am Rhein» gegen die Franzosen politisch instrumentalisiert, avancierte sie neben Arminius und der Germania zum deutschen Nationalsymbol. Von den Nationalsozialisten mit Bezug zu Heine als «jüdisch» verfemt, gewann die Loreley nach 1945 als Hüterin der deutschen Einheit und als Opfer des verschmutzten Rheins neue Bedeutung. Der Felsen ist bis heute eines der beliebtesten Ausflugsziele der Republik.

Literatur: Mario Kramp, Matthias Schmandt (Hgg.), *Die Loreley* (2004). – Wolfgang Minaty (Hg.), *Die Loreley* (1988). – Horst Johannes Tümmers, *Der Rhein* (1994).

Justus Liebig

Chemiker; geb. 12.5.1803 Darmstadt, gest. 18.4.1873 München

Ende des 19. Jahrhunderts war das Deutsche Reich auf dem jungen und dynamischen Gebiet der chemischen Industrie international führend. Untrennbar verbunden ist dies mit den Erkenntnissen Justus Liebigs, dem eine überragende Bedeutung für die Chemie zukommt und der mit dem 1840 erschienenen epochemachenden Werk «Die organische Chemie in ihrer Anwendung auf Agrikultur und Physiologie» die organische Chemie begründete. Kurz gesagt: Ohne Liebig keine Erfindung des chemischen Düngers, des Backpulvers, des Silberspiegels, des Fleischextraktes oder Erkenntnisse über den Aufbau chemischer Stoffe. Seine Entdeckungen begründen eine herausragende Stellung in der Welt der Naturwissenschaft. 1818 hatte Liebig seine Gymnasialausbildung und anschließend seine Apothekerlehre abgebrochen, dennoch nahm er 1819 ein Studium der Chemie in Bonn auf und erhielt zwei Jahre später ein Stipendium in Paris, wo er seine Studien zum Quecksilberfulminat fortsetzte. 1824 brachte den Wendepunkt in seinem Leben: Liebig konnte in der Akademie seine Ergebnisse vortragen, und der anwesende Alexander von Humboldt regte bei Ludwig I. von Hessen an, den jungen Wissenschaftler mit einer Professur auszustatten. Von Gießen aus wechselte Liebig 1852 nach München. Er reformierte die universitäre Chemieausbildung und legte Wert auf studentische Praktika – es war der Beginn einer neuen Ära. Liebig verstand sich als «öffentlicher Wissenschaftler», verließ den Elfenbeinturm und popularisierte mit seinen in Zeitungen veröffentlichten «Chemischen Briefen» die Chemie als Wissenschaft und Beruf.

Literatur: William H. Brock, *Justus von Liebig* (1999). – Georg Schwedt, *Liebig und seine Schüler* (2002).

Robert Blum

Politiker und Publizist; geb. 10.11.1807 Köln,
gest. 9.11.1848 Wien (Österreich)

Wien, 9. November 1848: Robert Blum wird von österreichischem Militär erschossen. Wie überall in Europa kämpfte auch die Bevölkerung Österreichs für ein demokratisches System, wofür eine Gruppe von Abgeordneten der Paulskirche um Blum ihr eine Solidaritätsbekundung überbracht hatte. Ein Sieg der Demokraten in Wien – so dachte Blum – würde auch das erste demokratische Parlament auf deutschem Boden nachhaltig befördern. In der aufgeheizten Stimmung ließ sich Blum dazu hinreißen, mitzukämpfen, wofür er nach dem Sieg der Kaisertruppen zum Tode verurteilt wurde. Die gesellschaftliche Emanzipationsbewegung des Deutschen Bundes verlor damit eine ihrer bekanntesten Figuren: Als Publizist verfasste er seit den 1830er Jahren Artikel und Bücher zur politischen Bildung der unteren Bevölkerungsschichten. Diese sollten mündig werden und ihre Probleme selbst politisch lösen können. Von Leipzig aus, wo er am Stadttheater seinen Lebensunterhalt verdiente, knüpfte er ein weitverzweigtes Netzwerk zu Gleichgesinnten und wurde so im ganzen Gebiet des Deutschen Bundes bekannt. Blum avancierte zur Leitfigur der gemäßigten Demokraten, die eine parlamentarische Republik anstrebten, allerdings gewaltlos und im Konsens mit den Regenten der einzelnen Staaten im Bund. Mit seiner Prominenz prägte er als begnadeter Redner, Fraktionssprecher der gemäßigten Demokraten und erfahrener Macher von Anfang an auch die Paulskirche. Der 9. November erinnert somit neben Reichspogromnacht und Mauerfall auch an den ersten großen Demokraten der deutschen Geschichte.

Literatur: Robert Blum (1807–1848), hg. vom Bundesarchiv (2006). – Peter Reichel, *Robert Blum* (2007). – Ralf Zerback, *Robert Blum* (2007).

Richard Wagner

Komponist und Lyriker; geb. 22.5.1813 Leipzig, gest. 13.2.1883 Venedig (Italien)

Kaum ein Künstler wirkt derart gespalten: Richard Wagner kämpfte 1848/49 in Dresden für eine freiere Gesellschaft, später wurde er von erzkonservativen Kreisen vereinnahmt und zu einem der bekanntesten Symbole des deutschen Nationalismus. Einerseits war er Schwiegersohn des produktiven Komponisten Liszt, andererseits Schwiegervater des populären Antisemiten Chamberlain. Bakunin, Feuerbach, Schopenhauer – zu vielfältig ist seine Auseinandersetzung mit Personen und Denkansätzen, als dass er kohärent zu fassen wäre. Unumstritten revolutionär ist seine Musik: Wagner vollzog die Abwendung von der Satztechnik hin zur Motivvariation. Statt eines festen Satzkorsetts komponierte er einzelne – etwa personenbezogene – Motive; im Gesamtwerk wurden diese Motive erkenn- und erinnerbar, somit eine Geschichte erzählt. Ebenso neu: In seiner Oper «Tristan und Isolde» verzichtete Wagner auf eine äußere Handlung und wandte sich dafür dem Inneren der Protagonisten zu. Inhaltlich verarbeitete Wagner hauptsächlich Stoffe mit Bezug auf das Mittelalter und die deutsche Romantik. Er erhob Wald und Fluss, Rhein und Wartburg zu Symbolen deutscher Fremd- und Selbstwahrnehmung. Wagner übte aber auch tiefgründige Gesellschaftskritik: Er sah die Kunst als deren Mittel, vertrat anarchistische Utopien und verneinte explizit den Nationalismus – gemeinsame Kultur und Mythen sollten Menschen zusammenführen, nicht der autoritäre Staat. Wie deutet man vor diesem Hintergrund seine antisemitischen Schriften? Wagner bleibt ambivalent.

Literatur: Udo Bermbach, *Der Wahn des Gesamtkunstwerks* (2. Aufl. 2004). – Udo Bermbach, *Richard Wagner in Deutschland* (2011). – Martin Geck, *Wagner* (2012). – *Richard Wagner, Mein Leben*, hg. v. Martin Gregor-Dellin (1983).

Otto Fürst von Bismarck

Politiker; geb. 1.4.1815 Schönhausen, gest. 30.7.1898 Aumühle-Friedrichsruh

Es sei nicht leicht, unter Bismarck Kaiser zu sein, soll Wilhelm I. einmal geseufzt haben. Der Gründer des Deutschen Kaiserreiches von 1871 entstammte altmärkischem Adel und hatte in Göttingen Jura studiert, bevor er sich 1847 im Vereinigten Landtag und dann im Preußischen Abgeordnetenhaus einen Namen auf der äußersten konservativen Rechten machte. Von 1859 bis 1862 war er Botschafter in St. Petersburg und kurze Zeit in Paris, wurde dann Preußischer Ministerpräsident und regierte im Verfassungskonflikt gegen die liberale Parlamentsmehrheit ohne genehmigten Haushalt. Die erfolgreichen Kriege ließen den Verfassungsbruch für viele Zeitgenossen als «lässliche Sünde» erscheinen: Nach dem Deutsch-Dänischen Krieg 1864 und dem Deutschen Krieg 1866 (Preußen gegen Österreich) wurde der Norddeutsche Bund etabliert und im Krieg gegen Frankreich 1870/71 durch «Eisen und Blut» das Deutsche Kaiserreich geschaffen, dessen Reichskanzler Bismarck wurde. An ihm schieden sich die Geister, der Liberale Georg von Bunsen klagte 1887: «Bismarck macht Deutschland groß und die Deutschen klein.» Mit dem «System der Reichsfeinde» knebelte Bismarck Parlament und Parteien – Reichsfeinde waren zunächst die Katholiken («Kulturkampf»), dann die Sozialdemokraten («Sozialistengesetz»). Zugleich jedoch hatte das Kaiserreich eine vergleichsweise moderne Verfassung und in der Sozialpolitik setzte es Maßstäbe. Bismarcks Außenpolitik war geprägt vom Versuch, Paris bündnispolitisch zu isolieren: Durch die Annexion von Elsass-Lothringen war die Gegnerschaft Frankreichs sicher, so dass es ihm darum ging, mit einem ausgeklügelten und von seinen Nachfolgern kaum mehr beherrschbaren System das Gleichgewicht der Großmächte zu sichern. Nach seinem Tod entstand ein Mythos um den «Eisernen Kanzler», sichtbar an den unzähligen Bismarckdenkmälern in Deutschland.

Literatur: Otto von Bismarck, *Gedanken und Erinnerungen*. – Lothar Gall, *Bismarck* (2. Aufl. 2002). – Otto Pflanze, *Bismarck* (1999).

Friedrich Wilhelm Raiffeisen

Kommunalpolitiker und Gründer von Genossenschaften;
geb. 30.3.1818 Hamm (Siegen), gest. 11.3.1888 Heddesdorf (Neuwied)

Hermann Schulze-Delitzsch

Politiker und Gründer von Genossenschaften;
geb. 29.8.1808 Delitzsch, gest. 29.4.1883 Potsdam

Ihr Konkurrenzkampf erreichte 1876 seinen vorläufigen Tiefpunkt, als Friedrich Wilhelm Raiffeisen eine erst 1872 gegründete Genossenschaftsbank infolge einer Interpellation seines Rivalen Schulze-Delitzsch im Reichstag auflösen musste. Dabei arbeiteten beide am selben Projekt: dem Aufbau von Genossenschaften. Diese Verbände versuchen mittels Geschäftseinnahmen und Zinserträgen Überschüsse zu erwirtschaften, mit denen sie wirtschaftlich-soziale Projekte unterstützen. Genossenschaftliche Banken ermöglichen weniger Wohlhabenden Kredite, Konsumgenossenschaften die Beschaffung und Produktion bestimmter Güter wie Lebensmittel oder Strom. Baugenossenschaften können günstigen Wohnraum für ihre Mitglieder zur Verfügung stellen. Raiffeisen, dem im leidgeplagten Elternhaus eine höhere Bildung versagt blieb und der später mit Krankheiten zu kämpfen hatte, blickte aus der christlichen Perspektive der Nächstenliebe auf die Notstände der beginnenden Industrialisierung im Deutschen Reich – fehlender Wohnraum in den Industriezentren, Unterbezahlung und harte Arbeitsbedingungen der Fabrikarbeiter. Der Einsatz Schulze-Delitzschs, seines Zeichens Jurist, war geprägt durch den zeitgenössischen Liberalismus: Wahre Freiheit und dementsprechend «echte» Demokratie seien nur bei absoluter persönlicher und finanzieller Unabhängigkeit des Einzelnen möglich. Das Genossenschaftskonzept war so erfolgreich, dass es schnell weltweit Karriere machte. Beider Dachvereine fusionierten 1972 zum Deutschen Genossenschafts- und Raiffeisenverband – einem der mitgliederstärksten Verbände der Republik.

Literatur: Rita Aldenhoff, *Schulze-Delitzsch* (1984). – Michael Klein, *Bankier der Barmherzigkeit* (2002).

Karl Marx

Philosoph und Publizist; geb. 5.5.1818 Trier, gest. 14.3.1883 London (Großbritannien)

Friedrich Engels

Unternehmer; geb. 18.11.1820 Barmen (Wuppertal), gest. 5.8.1895 London (Großbritannien)

Karl Marx legte schon früh den Finger in die Wunde der Sozialen Frage, die sich Mitte des 19. Jahrhunderts infolge der Industriellen Revolution in Deutschland für die explodierende Zahl der Industriearbeiter auftat: gedrückte Löhne, ungenügender Arbeitsschutz, unzureichende medizinische Versorgung, fehlende Unfall- und Krankenversicherung sowie enger Wohnraum. Marx führte das auf den kapitalistischen Markt zurück. Ein zu großes Angebot an Arbeitern rückte die nachfragenden Unternehmer in die stärkere Position: Wer nicht zu ihren Konditionen arbeiten wollte, war aus dem Geschäft – Arbeiter, die jede Arbeit übernahmen, gab es genug. Der wohlhabende Fabrikantensohn Friedrich Engels erhielt während seiner Ausbildung in England die gleichen düsteren Eindrücke und tat sich nach einem persönlichen Treffen 1842 mit Marx zusammen, um publizistisch gegen die Probleme vorzugehen. Im «Manifest der Kommunistischen Partei» von 1848 deuteten die beiden Vergangenheit als Geschichte von Klassenkämpfen. Wie früher Bauern von ihren Grundherren geknechtet worden seien, würden nun Unternehmer die Arbeiter ausbeuten; diese müssten sich in einer gemeinsamen Partei im Kampfe gegen diese Zustände wehren. Mit solchen Aufrufen zogen die beiden den Zorn der Eliten auf sich, sodass Marx 1849 aus Preußen ausgewiesen wurde. Als freier Publizist litt er unter dem Londoner Exil, seine Lebensgrundlage ging verloren. Engels unterstützte den Freund und ermöglichte damit dessen weitere wissenschaftliche Arbeit. Die späteren sozialistischen Parteidiktaturen verzerrten die philanthropische Haltung der beiden, erklärten sie zu Vorkämpfern der Arbeiter und knüpften nur begrifflich an Engels und Marx an.

Literatur: Tristram Hunt, *Friedrich Engels* (2012). – Jonathan Sperber, *Karl Marx* (2013).

Louise Otto-Peters

Politikerin und Schriftstellerin; geb. 26.3.1819 Meißen, gest. 13.3.1895 Leipzig

Ihr Erbe ermöglichte Louise Otto-Peters nach dem frühen Tod ihrer Eltern ein freies, autodidaktisches Schriftstellertum. Zensur und Armut – die prägenden gesellschaftlichen Probleme der Zeit – begegneten ihr vielfach in der sächsischen Heimat. Anfang der 1840er Jahre erschienen ihre ersten sozialkritischen Stellungnahmen, 1846 ihr Roman «Schloß und Fabrik», der durch die detaillierte Beschreibung der proletarischen Not besticht. Aus dem Kampf für die Arbeiter erwuchs schnell auch das Engagement für die Rechte der Frauen. Einer Kommission zur Arbeitsorganisation in Sachsen hielt sie 1848 das Fehlen von weiblichen Mitgliedern vor – ein Skandal für die Zeitgenossen. Der Erfolg blieb aber nicht aus, denn sie wurde trotzdem in die Diskussionen einbezogen. Während der Revolution brachte Otto-Peters 1849 die «Frauen-Zeitschrift» heraus und bekam dafür die Macht des Staates zu spüren: Verhöre, Hausdurchsuchungen, Herausgabeverbot von Zeitungen für Frauen generell. Letzteres wurde explizit infolge der Tätigkeiten von Otto-Peters erlassen – wie ließe sich Erfolg besser bemessen? 1865 organisierte sie mit Gleichgesinnten die erste «Deutsche Frauenkonferenz», die den «Allgemeinen Deutschen Frauenverein», einen Dachverband für Frauenbildungsvereine, hervorbrachte. 1866 erschien ihre zweite wichtige Schrift: «Das Recht der Frauen auf Erwerb». Otto-Peters errichtete das erste organisatorisch gesicherte Netz der Emanzipationsbewegung, das bald zum Aufbrechen der patriarchischen Pfründe führen sollte.

Literatur: Ruth-Ellen Boetcher Joeres (Hg.), *Die Anfänge der deutschen Frauenbewegung: Louise Otto-Peters* (1983). – Louise Otto-Peters, *Schloss und Fabrik* (1996). – Louise Otto-Peters, *Das Recht der Frauen auf Erwerb* (1997).

Heinrich Schliemann

Kaufmann und Archäologe; geb. 6.1.1822 Neubukow, gest. 26.12.1890 Neapel (Italien)

Hätte er nicht das antike Troja (westlich des heutigen Tevfikiye/Türkei) ausgegraben, könnte man Heinrich Schliemann ebenso gut als einen der erfolgreichsten deutschen Kaufleute präsentieren. Seine ersten in einem niederländischen Handelshaus erworbenen Gehälter vervielfachte das Sprachengenie 1852 mit Handelsgeschäften während des kalifornischen Goldrauschs und mit Lieferungen von Munitionsrohstoffen an Russland während des Krimkrieges. Mit enormem privaten Vermögen ausgestattet, verabschiedete sich Schliemann 1866 in die Rente und ging mit einem Studium und mit Reisen seinen Interessen nach. Bei einer Reise 1868 nach Griechenland und Konstantinopel tauchte er ein in die Welt des Homer und entwickelte den Ehrgeiz, Troja zu finden. Frank Calvert, den er auf der Reise kennenlernte, schilderte den Hügel Hissarlik als den Ort, an dem er Troja vermutete, und überzeugte Schliemann, dort ab 1870 Ausgrabungen zu veranlassen und zu finanzieren. Und tatsächlich: Schicht für Schicht des Hügels wurde abgetragen, immer neue Funde wurden gemacht – bis heute gehen die Experten davon aus, dass es sich tatsächlich um das antike Troja handelt. Danach konnte Schliemann auch in Mykene wichtige Funde machen – die wissenschaftliche Anerkennung blieb ihm, dem Seiteneinsteiger, aber versagt. Der Archäologie in Deutschland verhalf Schliemann dennoch zu einem Schub: Sein medienbewusstes Auftreten verschaffte ihr Popularität, seine Grabungen vertieften ihre Theorie – nicht schlecht für einen Fachfremden.

Literatur: Justus Cobet, *Heinrich Schliemann* (2. Aufl. 2007). – Stefanie Samida, *Heinrich Schliemann* (2012). – Wolfgang Richter, *Heinrich Schliemann* (1992). – Heinrich Schliemann, *Trojanische Altertümer* (1874).

Konrad Duden

Lehrer und Philologe; geb. 3.1.1829 Wesel-Lackhausen, gest. 1.8.1911 Sonnenberg

Namen und Lebenswerk in einer Marke etablieren: Konrad Duden ist das gelungen, sein Nachname steht für das maßgebliche Nachschlagewerk zur deutschen Rechtschreibung. Aus dem Lehrerberuf heraus wollte er die deutsche Sprache durch Systematisierung und Vereinfachung für alle erlernbar machen, die Kluft zwischen Gelehrten und Ungelehrten verkleinern, mithin eine Autorität schaffen, deren Fehlen bereits Zedler in seinem «Universal-Lexicon» (1741) oder die Gebrüder Grimm in ihrem «Deutschen Wörterbuch» (1854) monierten. Duden war zudem überzeugt, dass ein deutscher Nationalstaat, wie er seit 1871 bestand, seine eigene Sprache haben müsse. Dabei orientierte er sich an der gesprochenen Sprache. So entstand 1880 das «Vollständige Orthographische Wörterbuch der deutschen Sprache», das seit der 9. Auflage (1915) den Namen «Duden» trägt und 1955 durch die Kultusministerkonferenz als verbindlich für die Rechtschreibung erklärt wurde. Während um die Wende zum 20. Jahrhundert nationalistische Institutionen, die eine «reine» deutsche Sprache forderten, Einfluss auf den Duden gewannen, ist es ein Jahrhundert später umgekehrt: Immer mehr Anglizismen und Neologismen werden aufgenommen. Daher ist die Wortauswahl der Duden-Redaktion eine spannende Quelle für gesellschaftliche Entwicklungen. Infolge der deutschen Teilung nach 1945 gab es zwei Ausgaben des Dudens, die 1991 wieder zusammengeführt wurden. Seinem Erfolg tat auch die Rechtschreibreform von 1996 keinen Abbruch – «nur der Duden ist [eben] der Duden».

Literatur: Wolfgang Werner Sauer, *Der Duden* (1988). – Wolfgang Ullrich Wurzel, *Konrad Duden* (1998).

August Bebel

Politiker; geb. 22.2.1840 Deutz (Köln),
gest. 13.8.1913 Passugg (Schweiz)

Er ist der Ahnherr der deutschen Arbeiterbewegung und wurde schon zu Lebzeiten als «Kaiser Bebel» oder «Arbeiterkaiser» verehrt. Kein anderer verkörperte die sozialdemokratische Bewegung besser als er und keiner stieß auf mehr Zuspruch bei den Massen; vor seinem Tod 1913 war die SPD zur stärksten Partei im Reichstag aufgestiegen. Bebel bot Orientierung, weil er der Dynamik dieser sozialen Bewegung selbst entsprach: Nach Beendigung einer Drechslerlehre ging er nach Leipzig, trat dem Gewerblichen Bildungsverein bei, errichtete 1864 eine eigene Werkstatt, die rasch florierte, und lernte Wilhelm Liebknecht kennen. Aus Enttäuschung darüber, dass die Liberalen die Hoffnungen der Handwerker und Facharbeiter nicht erfüllten, wandte er sich sozialistischen Ideen zu und war 1869 an der Gründung der Sozialdemokratischen Arbeiterpartei in Eisenach beteiligt. Schnell stieg er zur Symbolfigur auf, wurde während der Verfolgung der Sozialdemokraten mehrfach verhaftet und verbrachte insgesamt 57 Monate im Gefängnis. Angesichts der Unrechtserfahrungen radikalisierte er seine Ansichten, war sich gewiss, dass der Kapitalismus dem Untergang geweiht sei, schrieb aber auch das epochemachende Buch «Die Frau und der Sozialismus». Bebel, seit 1892 SPD-Vorsitzender, vereinte in seiner Person die Zerrissenheit vieler: Er predigte den «Kladderadatsch» des Systems und war doch – wie die meisten Arbeiter – stolz auf sein Vaterland, zu dessen Aufstieg die Arbeiter beigetragen hatten und zu dem sie doch nicht ganz dazugehörten.

Literatur: August Bebel, *Aus meinem Leben* (1997). – Jürgen Schmidt, *August Bebel* (2013). – Ernst Schraepler, *August Bebel* (1966).

Robert Koch

Bakteriologe; geb. 11.12.1843 Clausthal (Harz), gest. 27.5.1910 Baden-Baden

Robert Koch war der Begründer der modernen medizinischen Mikrobiologie: Er konnte die Ursachen des Milzbrandes erstmals vollständig aufklären, hob die Forschung von Wundinfektionskrankheiten auf eine neue Stufe, entwickelte bahnbrechende Verfahren zur Desinfektion und entdeckte die Erreger von Cholera und Tuberkulose, wofür er 1905 den Nobelpreis für Medizin erhielt. Nachdem er als praktizierender Arzt gewirkt hatte, wurde er 1880 als Regierungsrat und ordentliches Mitglied des Kaiserlichen Gesundheitsamtes nach Berlin berufen. Anschließend war er in der Welt unterwegs, leitete Cholera-Expeditionen nach Ägypten und Indien, später nach Java, Neu-Guinea und vielen weiteren Regionen. Solche Erfahrungen halfen ihm, die Choleraepidemie in Hamburg 1892 einzudämmen – sie war der letzte große Ausbruch dieser Krankheit in Deutschland. Eine Verbesserung der hygienischen Verhältnisse war entscheidend: Im Hamburger Gängeviertel lebten unzählige Menschen in engsten Kellerwohnungen, Brutstätten für Ansteckungskeime. So war das von Koch geleitete «Hygiene-Institut» eine der wichtigsten gesundheitspolitischen Errungenschaften der Zeit. Einige Jahre später gelang es Koch und seinem Team, einen Ausbruch von Typhus in Südwestdeutschland abzuwehren. Die moderne Bakteriologie ist ohne Koch nicht zu denken, auch die Immunisierung geht auf ihn zurück: Zuerst konnte er in Südafrika einer Rinderpest durch aktive Immunisierung der Tiere Einhalt gebieten, heute basieren die Serum- und Chemotherapien auf seinen Forschungen.

Literatur: Johannes Grüntzig, Heinz Mehlhorn, *Robert Koch* (2010). – Manfred Vasold, *Robert Koch* (2002).

Wilhelm Conrad Röntgen

Physiker; geb. 27.3.1845 Remscheid, gest. 10.2.1923 München

Nachdem Wilhelm Conrad Röntgen wegen eines Schülerstreichs 1864 von der Technischen Schule im niederländischen Utrecht, in dessen Nähe er aufwuchs, verwiesen worden war, studierte er Maschinenbau in Zürich, wo er 1870 auch promoviert wurde. 1873 in Straßburg habilitiert, übernahm er nach mehreren Anstellungen den Lehrstuhl für Physik an der Universität Würzburg. Hier gelang ihm 1895 per Zufall der große Durchbruch: Als Röntgen mit den noch weitgehend unbekannten Kathodenstrahlen experimentierte, bemerkte er, dass ein in der Nähe der Kathodenröhre abgestellter, mit Leuchtstoffen beschichteter Papierschirm zu leuchten begann. Da der Effekt auch bei abgedeckter Röhre zu beobachten war, mussten bisher unbekannte Strahlen aus der Röhre durch die Abdeckung gelangen. Röntgen nannte sie selbst «X-Strahlen» und löste mit der Veröffentlichung seiner Entdeckung einen Boom aus; immer mehr Nutzungsmöglichkeiten wurden erkennbar, vor allem die ‹Durchleuchtung› von Gegenständen (wie bei späteren Flughafen- oder Zollkontrollen) und Menschen. Faszinierende Bilder vom Inneren des Körpers entstanden, in den 1930er Jahren gar kurze Filme eines Kaffee trinkenden Skeletts. Die Medizin machte Röntgens Entdeckung nutzbar – eine Revolution für die Diagnosemöglichkeiten, für die er 1901 den ersten vergebenen Physik-Nobelpreis erhielt. Ermöglicht wurde diese schnelle und breite Anwendung dadurch, dass Röntgen auf die Anmeldung eines Patents verzichtete. Da er sich in der Folge in kleinlichen Arbeiten verlor und sich darüber hinaus wenig um sein persönliches Renommee kümmerte sowie Vorträge bei Wilhelm II. oder eine Anstellung an den großen Reichsinstitutionen ablehnte, blieb ihm größerer wirtschaftlicher Erfolg versagt. So hinterließ ihm seine Pedanterie am Ende nur seine Professorenrente und den Ruhm der «X-Strahlen» – nicht weniger, aber auch nicht mehr.

Literatur: Walter Beier, *Wilhelm Conrad Röntgen* (2. Aufl. 1995). – Angelika Schedel, Gundolf Keil, *Der Blick in den Menschen* (1995).

Margarete Steiff

Unternehmerin; geb. 24.7.1847 Giengen/Brenz,
gest. 9.5.1909 Giengen/Brenz

Dass es im 19. Jahrhundert erfolgreiche Unternehmerinnen gab, blieb lange verdeckt. Der bekannte Volkswirtschaftler und Soziologe Werner Sombart schrieb 1909: Kapitalistische Unternehmernaturen seien «Männer (keine Weiber!) – ausgerüstet vor allem mit einer außergewöhnlichen Vitalität». Margarete Steiff erkrankte im Alter von 18 Monaten an Kinderlähmung und musste ihr Leben lang im Rollstuhl verbringen. Ihre körperliche Behinderung schloss sie von der bürgerlichen weiblichen Normalbiografie als Hausfrau und Mutter aus. Gegen den Willen ihres Vaters absolvierte sie 1863 eine Ausbildung zur Näherin und begründete 1877 die weltweit bekannte Firma. Es fing mit einem Stoffelefanten an, bald gefolgt von Kätzchen und Hunden – weiche Spieltiere waren zu dieser Zeit etwas Besonderes. «Für Kinder ist nur das Beste gut genug», lautete Steiffs Motto, und 1892 – die Firma beschäftigte damals 14 Personen – erschien der erste Steiff-Katalog. Der Eintritt von fünf Söhnen ihres Bruders Fritz in die Firma stärkte das schnell wachsende Familienunternehmen. 1901 wurde das erste Spielzeug in die USA exportiert, der internationale Durchbruch gelang 1903: Auf der Leipziger Spielwarenmesse stellte Steiff einen Stoffbären vor, von dem ein begeisterter amerikanischer Vertreter 3000 Exemplare kaufte. Seit 1906 trägt er den Namen des 26. US-Präsidenten Theodore «Teddy» Roosevelt. Binnen Jahresfrist wurden fast eine Million Teddybären genäht. Als Steiff an den Folgen einer Lungenentzündung verstarb, verfügte das Unternehmen über 400 Beschäftigte und 1400 Heimarbeiterinnen. Ein Gebrauchsgegenstand führte zu durchschlagendem Erfolg – ähnlich war es bei Melitta Benz, die einen neuartigen Kaffeefilter entwickelte, oder bei der Konservenfabrikantin Charlotte Erasmi – auch sie erfolgreiche Unternehmerinnen, die es Sombart zufolge gar nicht geben dürfte.

Literatur: Gabriele Katz, *Margarete Steiff*. – Claudia Lepp, *Verdeckt von Sombarts «smarten Männern»?*, in: Archiv für Kulturgeschichte 89 (2007).

Paul von Hindenburg

Soldat und Politiker; geb. 2.10.1847 Posen (heute Poznań/Polen), gest. 2.8.1934 Neudeck (heute Ogrodzieniec/Polen)

Nach einer erfolgreichen Karriere im Truppen- und Generalstabsdienst nahm Paul von Hindenburg schon vor dem Ersten Weltkrieg Abschied aus dem Militärdienst, so dass für ihn 1914 eigentlich keine Verwendung vorgesehen war. Die letzten zwanzig Jahre seines Lebens sollten an historischem Gewicht jedoch die 67 davor übertreffen. Als es an der Ostfront nicht gut stand, rief man ihn. Die Schlacht bei Tannenberg, wo die zaristischen Armeen Ende August 1914 vernichtend geschlagen wurden, machte ihn mit einem Schlag zum Symbol des deutschen Siegeswillens. Der Hindenburg-Mythos nahm Fahrt auf. Die Führungsschwäche des Kaisers nutzend gewann die Oberste Heeresleitung (OHL) unter Hindenburg und Erich Ludendorff ab 1917 eine Schlüsselstellung. Die zentralen Entscheidungen wurden nun hier und nicht mehr auf der politischen Ebene getroffen. Nach dem Scheitern der Frühjahrsoffensive von 1918 verlangte die OHL eine Parlamentarisierung des Reiches. Es sollten, so Hindenburg, diejenigen die «Suppe auslöffeln, die sie eingebrockt hatten» – eine fatale Geschichtsfälschung, die später in die «Dolchstoßlegende» mündete, wonach das Heer im Feld unbesiegt geblieben sei, was vom Versagen der militärischen Führung ablenkte. Dass der überzeugte Monarchist nach dem Tod Eberts 1925 Reichspräsident wurde, bezeugt die Schwäche der Demokraten, die ihn 1932 gegen Hitler wiederwählten. Dies veranlasste Hindenburg zur Bemerkung, er sei von «den Falschen» gewählt worden. Am 30. Januar 1933 ernannte er Hitler zum Reichskanzler.

Literatur: Jesko von Hoegen, *Der Held von Tannenberg* (2007). – Wolfrum Pyta, *Hindenburg* (2007).

Otto Lilienthal

Ingenieur; geb. 23.5.1848 Anklam, gest. 10.8.1896 in Berlin

Nach der Rückkehr aus dem Deutsch-Französischen Krieg experimentierte der Maschinenbauer Otto Lilienthal, bedeutendster Pionier auf diesem Gebiet, mit fliegenden Modellen. Er setzte dabei nicht wie andere auf den Lenkballon, sondern auf die Nachahmung des mühelosen Gleit- und Segelflugs großer Raubvögel, dessen mechanische Gesetze er aufdecken wollte. Sein Buch «Der Vogelflug als Grundlage der Fliegekunst» (1889) ist die wichtigste flugtechnische Veröffentlichung des 19. Jahrhunderts. Praktiker, der er war, setzte Lilienthal seine theoretischen Erkenntnisse ab 1890 um und erreichte mit 18 verschiedenen selbstgebauten Gleitflugapparaten bis zu 25 Meter Weite und sechs Meter Höhe. Er wurde immer wagemutiger und ließ einen 15 Meter hohen «Fliegerberg» als Startrampe aufschütten. 1893 trug ihn sein Gefährt bereits 250 Meter durch die Lüfte, bald waren es mit einem Doppeldecker 400 Meter. Während sich die deutschen Techniker auf den Luftschiffbau konzentrierten, gelangten die Gebrüder Wright 1901 mit ihren Gleitflügen an der US-Küste zum Durchbruch. Wilbur Wright wusste, wem das zu verdanken war: «Lilienthal dachte nicht nur, er handelte. Und so leistete er den größten individuellen Beitrag zur Lösung des Flugproblems, wie der Mensch fliegen kann.» In der griechischen Mythologie stürzt Ikarus ab, weil er der Sonne zu nahe kommt und das Wachs der Federkonstruktion seiner Flügel schmilzt. Lilienthal geriet 1896 in eine Böe und schlug aus 15 Metern Höhe auf dem Boden auf, tags darauf starb er.

Literatur: Gerhard Halle, *Otto Lilienthal* (3. Aufl. 1976). – Bernd Lukasch, *Otto Lilienthal*, in: Friedrich-Ebert-Stiftung Landesbüro Mecklenburg-Vorpommern (Hg.), Technikgeschichte kontrovers (2007). – Werner Schwipps, *Lilienthal* (1986).

Bertha Benz

Auto-Pionierin; geb. 3.5.1849 Pforzheim, gest. 5.5.1944 Ladenburg

Carl Benz

Ingenieur; geb. 25.11.1844 Mühlburg (Karlsruhe),
gest. 4.4.1929 Ladenburg

Wie Bertha Benz ihren Mann Carl zu Weltruhm fuhr, ist eine schöne Geschichte. Die Erfindung des ersten Automobils war nämlich, heute kaum zu glauben, von Rückschlägen und vom Desinteresse potentieller Käufer überschattet, was schwer auf der Seele des von seiner Idee besessenen Ingenieurs lastete. 1888 unternahm Bertha zusammen mit ihren beiden Söhnen, ohne Carls Wissen, die erste Überlandfahrt der Automobilgeschichte von Mannheim nach Pforzheim. Damit wollte sie jenen, die der Erfindung ihres Mannes so skeptisch gegenüberstanden, die Eignung des neuen Verkehrsmittels beweisen. Diese gelungene Demonstration der Fahrtüchtigkeit des Automobils war das eine – das andere war: Nur die Mitgift Berthas 1871 konnte die erste Firma Carls überhaupt erhalten. Bereits seit der Studienzeit verfolgte Benz eine Idee: «Ein Fahrzeug herzustellen, das ohne Pferde, ähnlich wie die Züge auf den Schienen, sich auf der Landstraße schienenlos bewegte». So begann er mit der Konstruktion von Gasmotoren, entwickelte dann den inzwischen patentfreien Otto-Motor weiter und konstruierte einen dreirädrigen Motorwagen, für den er 1886 das Patent anmeldete. Eine geniale Leistung – aber Käufer fanden sich keine, zu unbequem war das Gefährt. Jahrelange Weiterentwicklungen zu einem vierrädrigen Fahrzeug, die Erfindung der Achsschenkellenkung, die Zusammenarbeit mit Gottlieb Daimler, der ebenfalls am Automobil arbeitete, schließlich die Fusion zur «Daimler-Benz AG» 1926 bildeten frühe Stationen des heutigen Weltkonzerns.

Literatur: Angela Elis, *Mein Traum ist länger als die Nacht* (2010). – Winfried A. Seidel, *Carl Benz* (2005).

Friedrich Alfred Krupp

Unternehmer; geb. 17.2.1854 Essen, gest. 22.11.1902 Essen

Es war das Zeitalter der Schwerindustrie und der rauchenden Schlote in Deutschland: Eisenbahnbau, vor allem Radbandagen ohne Schweißnaht, und Rüstungsgüter, besonders Gussstahlkanonen, begründeten den Weltruf des seinerzeit größten Stahlkonzerns der Erde. Die Krupps sind eine der bedeutendsten deutschen Unternehmerfamilien. Friedrich Alfred baute unter seiner Leitung (1887–1902) die vom Großvater (Friedrich) und Vater (Alfred) begründete Fabrik aus. Die Belegschaft verdoppelte sich auf fast 45 000 Arbeiter, der Umsatz stieg von 42 Milliarden RM auf 101 Milliarden. Beispiellos für die zweite Hälfte des 19. Jahrhunderts war das sozialpolitische Engagement, das natürlich nicht uneigennützig war: Kranke Arbeiter können nicht arbeiten und unzufriedene streiken. 1872 erließ Alfred Krupp das «Generalregulativ», an dessen Ausarbeitung auch der junge Sohn beteiligt war. «Zuckerbrot und Peitsche» lautete das Konzept der Patriarchen gegenüber den Arbeitern. Weitreichende Rechte und Sozialleistungen, überdurchschnittliche Löhne und die Errichtung der Siedlung Altenhof, in der Werksangehörige kostenlos wohnen konnten, waren die eine Seite. Die andere war: Es wurden den Arbeitern strenge Pflichten auferlegt, und sie durften sich weder gewerkschaftlich noch politisch betätigen. Mit Wilhelm II. war Krupp freundschaftlich verbunden, gehörte auf dessen Wunsch dem Reichstag an und unterstützte vehement seine Flottenpolitik, was der «Waffenschmiede des Deutschen Reiches» eine Fülle an Aufträgen bescherte.

Literatur: Michael Epkenhans (Hg.), *Friedrich Alfred Krupp* (2010). – Harold James, *Krupp* (2011).

Heinrich Hertz

Physiker; geb. 22.2.1857 Hamburg, gest. 1.1.1894 Bonn

Ohne ihn keine drahtlose Telegraphie, kein Radio, kein Fernsehen, keine Mobiltelephonie, kein Internet – kurzum: Ohne Heinrich Hertz sähe die Welt ganz anders aus. 1886 gelang ihm an der TH Karlsruhe der experimentelle Nachweis der elektromagnetischen Wellen, die der Schotte Maxwell zwei Dekaden zuvor nur mathematisch hatte vorhersagen können. Hertz beobachtete, dass auch an einem entfernten offenen Drahtring Funken übersprangen, wenn er zwei unter elektrischer Spannung stehende, gegenüberliegende Kugeln zur Entladung brachte. Etwas Unsichtbares musste die Energie von der ersten Quelle (Sender) zur zweiten (Empfänger) übertragen – die von Maxwell errechneten elektromagnetischen Wellen waren gefunden. Sie ermöglichen es, im Empfänger einen Stromfluss zu initiieren, mit dem angebaute Geräte betrieben werden können. Technisch genutzt und dynamisch weiterentwickelt wurden die Wellen aber von anderen: Hertz konnte nur noch die klassischen Welleneigenschaften wie Ablenkung und Reflexion nachweisen, da er bereits früh an einer Blutvergiftung verstarb. Die Erfindungen, die die Weltbevölkerung auf eine völlig neue Kommunikationsbasis stellten und somit zusammenrücken ließ, machten andere, etwa ein Marconi oder Ferdinand Braun. Trotzdem reiht sich Hertz mit seinem Wirken ein in die Riege der großen deutschen Physiker, die alle auch seine Lehrer waren: der naturwissenschaftliche Generalist Helmholtz oder der «Vater» der Elektrotechnik und des nach ihm benannten Strahlungsgesetzes Kirchhoff.

Literatur: Michael Eckert, *Heinrich Hertz* (2010). – Albrecht Fölsing, *Heinrich Hertz* (1997).

Clara Zetkin

Politikerin; geb. 5.7.1857 Wiederaus,
gest. 20.6.1933 Archangelskoje (Russland)

«Der wirtschaftlichen Bedeutung der Frau als Produktivkraft müssen auch endlich ihre politischen und sozialen Rechte entsprechen.» Das programmatische Zitat Clara Zetkins stammt aus dem Jahre 1889, nachdem sie kurz zuvor auf dem Gründungskongress der Sozialistischen Internationale eine einschneidende Rede zur Emanzipation der Frauen gehalten hatte. Frauen dürften sich nicht länger vom Manne unterdrücken lassen, sondern müssten um ihre Rechte kämpfen. Dies setzte nach Zetkin die Kenntnis von politischen Hebeln, kurzum die Bildung der Frauen voraus. Sie machte daher in den sozialistischen Kreisen – allen voran in der SPD – Druck, diese Themen innerparteilich wie gesamtpolitisch stärker in den Vordergrund zu stellen und leitete zu diesem Zweck seit 1892 die Zeitschrift «Die Gleichheit». Sie avancierte zur Leitfigur der proletarischen Frauenbewegung und initiierte 1910 auf der zweiten Internationalen Konferenz sozialistischer Frauen den Internationalen Frauentag, der bis heute begangen wird. 1919 trat sie der neugegründeten KPD bei und saß von 1920 bis zur «Machtergreifung» als eine der wenigen weiblichen Abgeordneten im Reichstag, wobei ihre zuletzt an Stalin ausgerichtete Politik sehr umstritten ist. Als erste Frau überhaupt sprach sie vor der Verfassunggebenden Landesversammlung Württembergs in einem Parlament. Sie steht mit Gertrud Bäumer und Luise Zietz in einer Reihe an Vorbildern politisch engagierter Frauen. Ihr wirtschaftspolitisches Zitat hat nicht an Aktualität verloren.

Literatur: Gilbert Badia, *Clara Zetkin* (1994). – Tânia Puschnerat, *Clara Zetkin* (2007). – Clara Zetkin, *Die Arbeiterinnen- und Frauenfrage der Gegenwart* (1889).

Max Planck

Physiker; geb. 23.4.1858 Kiel, gest. 4.10.1947 Göttingen

Sein Name schmückt die in Deutschland führende außeruniversitäre Einrichtung in der Grundlagenforschung: Die 1948 als Nachfolgeorganisation der Kaiser-Wilhelm-Gesellschaft gegründete Max-Planck-Gesellschaft zur Förderung der Wissenschaften besteht aus über 80 Max-Planck-Instituten, die weltweit einen guten Ruf genießen. Mit seiner Quantenhypothese revolutionierte Planck die theoretische Physik zu einer Zeit, als man glaubte, diese Disziplin sei bereits «ausgeforscht». Am 14. Dezember 1900 präsentierte der Berliner Professor seine Strahlungsformel $E = hV$ der Physikalischen Gesellschaft – es war die Geburtsstunde der Quantenphysik. Energiewerte (E), so die Annahme, seien nicht kontinuierlich, sondern könnten nur diskrete, zu ihrer Frequenz (V) proportionale Werte annehmen. Energie müsse man sich, so Planck, «aus einer ganz bestimmten Anzahl endlicher Teile» zusammengesetzt denken. Die Einführung einer Fundamentalkonstanten (h), die «Plancksches Wirkungsquantum» genannt wird, widersprach der klassischen Physik, wonach die Natur keine Sprünge mache. Die ungeheure Tragweite von Plancks Hypothese der quantenhaften Natur der Energie erkannten anschließend Albert Einstein, Niels Bohr und Werner Heisenberg – sie wurde zum Schlüssel dafür, atomare Vorgänge zu verstehen. 1918 wurde Planck der Nobelpreis für Physik verliehen, ausgerechnet in dem Jahr, als jener Staat unterging, in dem sein Denken wurzelte und den er im Weltkrieg propagandistisch unterstützt hatte: das Deutsche Kaiserreich. Die oberste Autorität der deutschen Physik stand der Weimarer Republik verständnislos gegenüber, verhielt sich gegenüber dem «Dritten Reich» anfangs kompromissbereit, bezog jedoch zunehmend eine elitäre innere Distanz zum Nazi-Regime. Sein Sohn war Mitverschwörer des 20. Juli 1944 und wurde im Januar 1945 hingerichtet.

Literatur: Ernst Peter Fischer, *Der Physiker* (2007). – Dieter Hoffmann (Hg.), *Max Planck und die moderne Physik* (2010).

Wilhelm II.

Kaiser; geb. 27.1.1859 Berlin, gest. 4.6.1941 in Doorn (Niederlande)

Der deutsche Kaiser und König von Preußen gelangte 1888, erst 29-jährig, auf den Thron, da Friedrich III. nach 99 Regierungstagen verstorben war. Rasch geriet er in Konflikt mit Bismarck. Er wollte die Zügel der Regierung selbst in die Hand nehmen («persönliches Regiment»), wohingegen der alte Kanzler nicht bereit war, seine Macht aufzugeben. Im Streit um die Verlängerung des Sozialistengesetzes, das Wilhelm ablehnte, kam es zur Entlassung Bismarcks. Wilhelm war ein narzisstischer Charakter zu eigen, den Historiker auch auf seine körperliche Behinderung (seit der Geburt war sein linker Arm verkrüppelt) zurückführen. Seine englische Großmutter Queen Victoria sah in ihm einen «hitzköpfigen, eingebildeten und verdrehten jungen Mann». Sprunghaft und impulsiv, jedoch mit einem Sendungsbewusstsein ausgestattet, forderte Wilhelm für das Reich einen «Platz an der Sonne», förderte den Schlachtflottenbau und strebte nach Weltpolitik. Während der Julikrise 1914 wurde er an den Rand gedrängt und im Krieg von der Obersten Heeresleitung regelrecht entmachtet. Mit Kriegsende ging er ins Exil, dankte am 28. November 1918 ab und führte in Doorn (Niederlande) ein abgeschiedenes Dasein. Er begeisterte sich für die Nazis, die ihn jedoch wenig beachteten. Wilhelm ist eine Schlüsselfigur deutscher Geschichte auf dem Weg von Bismarck zu Hitler, doch die wahre Machtelite des Kaiserreichs bildeten Personen aus dem Generalstab, den wirtschaftlichen Interessenverbänden und den nationalistischen Agitationsvereinen.

Literatur: Christopher Clark, *Kaiser Wilhelm II.* (2008). – John C. G. Röhl, *Wilhelm II.* (3 Bde., 1993–2008). – Hans-Ulrich Wehler, *Das Deutsche Kaiserreich* (1973).

Robert Bosch

Unternehmer; geb. 23.9.1861 Albeck (Ulm), gest. 12.3.1942 Stuttgart

Ein «Unternehmer mit Moral» oder «demokratischer Freigeist» sind nur zwei Zuschreibungen von vielen. Robert Bosch war das zweitjüngste von zwölf Kindern, und seine Eltern gehörten zur bäuerlichen Oberschicht. Nach Militärdienst und Lehre als Feinmechaniker arbeitete Bosch mehrere Jahre bei Pionieren der Elektrotechnik im In- und Ausland, so etwa auch in den USA bei Edison. Mit bescheidenem Kapital und zwei Mitarbeitern eröffnete er 1886 eine «Werkstätte für Feinmechanik und Elektrotechnik» in Stuttgart – die Keimzelle des späteren Weltkonzerns. 1887 gelang ihm die Verbesserung des Magnetzünders für Gasmotoren, bald darauf für Benzinmotoren – diese Lösung eines der größten Probleme der noch jungen Automobiltechnik brachte den Durchbruch. Zu Anlassern, Lichtmaschinen und Hupen kamen seit den 1920er Jahren Kühlschränke, Radioapparate und Elektrowerkzeuge dazu. Sein soziales Engagement spiegelt sich in der zeitgenössischen Bezeichnung «Der rote Bosch» – 1906 führte er den Achtstundentag ein, bald den freien Samstagnachmittag und bezahlten Urlaub. Als Stifter war Bosch herausragend: Unzählige Millionen Mark kamen gemeinnützigen Zwecken zugute, die Völkerverständigung lag ihm besonders am Herzen. Sein Unternehmen profitierte enorm von der Aufrüstung der Wehrmacht und war im Krieg an der Ausbeutung von Zwangsarbeitern beteiligt. Andererseits unterhielt Bosch enge Kontakte zu Widerstandskreisen und rettete Verfolgten des Nationalsozialismus das Leben. War Bosch am Ende ein tragischer Mensch?

Literatur: Johannes Bähr, Paul Erker, *Bosch* (2013). – Hans-Erhard Lessing, *Robert Bosch* (2007) . – Joachim Scholtyseck, *Robert Bosch und der liberale Widerstand gegen Hitler 1933–1945* (2. Aufl. 2000).

Käthe Kollwitz

Künstlerin; geb. 8.7.1867 Königsberg (heute Kaliningrad/Russland), gest. 22.4.1945 Moritzburg (Dresden)

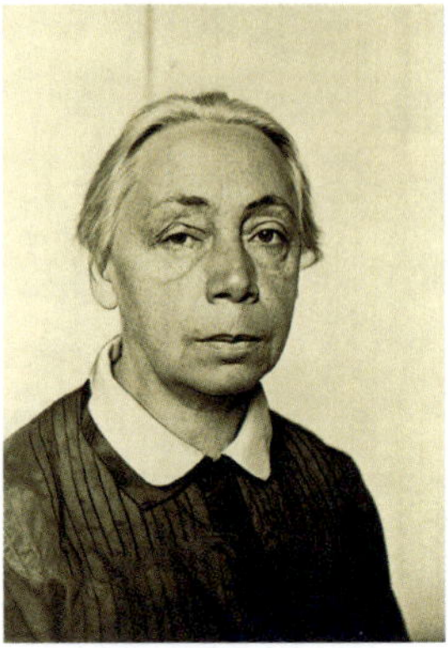

Bis 1897 arbeitete Käthe Kollwitz an der zeichnerischen Umsetzung von Hauptmanns epochalem Drama «Die Weber», was ihr Anerkennung eintrug durch die Malerfürsten Adolph Menzel und vor allem Max Liebermann, der sie fortan förderte. Da Frauen nicht an Kunstakademien zugelassen waren, hatte sie ihr Handwerk an der Zeichen- und Malschule des Vereins der Künstlerinnen und Kunstfreundinnen in Berlin gelernt. Bald wechselte sie ihr Zeichenmittel vom harten Federstrich hin zur weichen Kohle. Im Ersten Weltkrieg gab es zu ihrem 50. Geburtstag zahlreiche Ausstellungen in Deutschland, 1919 wurde Kollwitz als erste Frau in die Preußische Akademie der Künste aufgenommen. Im Krieg verlor sie ihren Sohn an der Front, und so wurden Leid und Trauer, Einsamkeit und Verzweiflung zu Kernbestandteilen ihrer Kunst. Ab 1937, als sie nur noch im Privaten arbeiten durfte, entstand ihre Plastik «Pieta/Mutter mit totem Sohn», deren monumentale Kopie heute in der «Neuen Wache» in Berlin, der zentralen Gedenkstätte Deutschlands für die Opfer von Krieg und Gewaltherrschaft, zu sehen ist. Dagegen, dass die SED sie als Vorreiterin des Sozialistischen Realismus vereinnahmte, konnte sie sich nicht mehr wehren. Freunde rühmten Kollwitz' Güte und Menschlichkeit. Ihre sozialkritisch-engagierte Kunst, die den Menschen mit seinen alltäglichen Tragödien in den Mittelpunkt stellt, sowie ihr moralisch tadelloser Ruf bewirkten auch eine Rezeption in der BRD. So wurde Kollwitz zu einer gesamtdeutschen Identifikationsfigur.

Literatur: Gudrun Fritsch, Josephine Gabler, Helmut Engel, *Käthe Kollwitz* (2013). – *Käthe Kollwitz, Tagebuchblätter und Briefe*, hg. v. Hans Kollwitz (1948). – Yvonne Schymura, *Käthe Kollwitz 1867–2000* (2014).

Hugo Eckener

Unternehmer; geb. 10.8.1868 Flensburg,
gest. 14.8.1954 Friedrichshafen

Hugo Eckener gehörte zu den bekanntesten und im Ausland populärsten Deutschen seiner Zeit, seinen Namen verband man mit einem der faszinierendsten technischen Gebilde dieser Epoche: dem Zeppelin. Ab 1909 leitete er die Deutsche Luftschiff-fahrts-AG und revolutionierte mit den Riesen am Himmel den Luftverkehr. Hatte er selbst das Luftschiff zusammen mit dessen Schöpfer Graf Zeppelin schon technisch verbessert, wurden unter seiner Ägide die bekanntesten Zeppeline geschaffen: die «Graf Zeppelin», die «Los Angeles», die für die US-Marine produziert wurde, und die «Hindenburg», die 1937 bei der Landung in Lakehurst (USA) in Flammen aufging. Bis dahin hatte Eckener den ersten regelmäßigen Luftverkehr der Geschichte aufgenommen und bewies die Leistungsfähigkeit der deutschen Luftschiffe durch weltweite Reisen etwa nach Südamerika oder in die Arktis. Er genoss solche Popularität, dass er 1932 in der Reichspräsidentenwahl gegen Hitler antreten sollte, falls Hindenburg zurückgezogen hätte. 1938 untersagten die USA die Einfuhr von Helium ins Deutsche Reich – ein gezielter Schlag gegen die Zeppelin-Technologie der Nationalsozialisten, da somit alternativ nur der leicht entzündliche Wasserstoff zur Verfügung stand, mit dem der Vertrauensverlust in die Luftschiffe nach der Tragödie um die «Hindenburg» nicht wiederhergestellt werden konnte. Eckener zog sich zurück und entschied, die Passagierschifffahrt einzustellen, was gleichzeitig das Ende der Luftschiffe zugunsten der Motorflugzeuge bedeutete.

Literatur: Hugo Eckener, *Im Zeppelin über Länder und Meere* (2012). – Rolf Italiaander, *Ein Deutscher namens Eckener* (1981).

Friedrich Ebert

Politiker; geb. 4.2.1871 Heidelberg, gest. 28.2.1925 Berlin

Vom Gesellen zum höchsten Staatsamt – Friedrich Ebert, Sohn eines Schneiders, erlebte diese deutsche Version des amerikanischen Traums: Aus seinem engen Milieu in Heidelberg heraus absolvierte er eine Sattlerlehre, in deren Folge er auf Wanderschaft durch das Deutsche Reich zog. Auf diesen Reisen lernte er die Probleme der Arbeiterschaft kennen, was sich auswirkte, als er 1891 in Bremen ansässig wurde. Dort zeigte er vielfältiges politisches Engagement, wurde Zeitungsredakteur, führte eine Kneipe, die Arbeiter bei typischen Problemen – wie etwa Lohnausfall durch Krankheit – beriet, übernahm das Arbeitersekretariat und ließ sich in die Bürgerschaft wählen. Derart ausgestattet mit Meriten wurde der SPD-Vorstand – der Partei beigetreten war Ebert bereits um 1889 – auf ihn aufmerksam. Nachdem er ein Jahr zuvor in den Reichstag gewählt worden war, wurde Ebert 1913 nach Bebels Tod zu dessen Nachfolger als einer von zwei SPD-Vorsitzenden. Nach dem Ersten Weltkrieg, während dem er für die Burgfriedenspolitik eintrat, bekam er von Max von Baden als Vertreter der stärksten Fraktion das Amt des Reichskanzlers übertragen und leitete im «Rat der Volksbeauftragten» den Umbau der Monarchie zu einer parlamentarischen Demokratie ein. Für diese «Weimarer Republik» wurde er 1919 zum Reichspräsidenten gewählt. Ebert ist somit das erste Oberhaupt einer gänzlich demokratischen deutschen Staatsform. Als solches musste er den umkämpften Übergang moderieren, was auch den Einsatz von Gewalt gegen radikale Gruppen beinhaltete. Persönlich sah sich Ebert Hetzkampagnen ausgesetzt, die 1924 darin gipfelten, dass er als Staatsoberhaupt nach dem «Magdeburger Prozess» als «Vaterlandsverräter» bezeichnet werden durfte. Ebert erlag einer verschleppten Blinddarmentzündung, deren operative Behandlung er angesichts seiner Dienstgeschäfte stets verschoben hatte.

Literatur: Eberhard Kolb (Hg.), *Friedrich Ebert als Reichspräsident* (1997). – Walter Mühlhausen, *Friedrich Ebert* (2. Aufl. 2007).

Rosa Luxemburg

Politikerin; geb. 5.3.1871 Zamość (Polen), gest. 15.1.1919 Berlin

Nachdem Rosa Luxemburg in Zürich promoviert und 1898 nach Berlin gekommen war, trat sie sofort in die SPD ein und engagierte sich als Publizistin für die Emanzipation der Arbeiterschaft. Mit ihren Abhandlungen zur «Einführung in die Nationalökonomie» und «Die Akkumulation des Kapitals» avancierte sie zur prägenden Vordenkerin der sozialistischen Theorie. Auch mit Lenin setzte sie sich kritisch auseinander und verneinte dessen Ansichten: Die Menschen bräuchten keine straffe und mit Gewalt operierende Parteiorganisation; stattdessen könnten sie problemlos durch Bildung zur Selbstorganisation angeleitet werden. Den Unterschied zu Lenin markierte sie in ihrem berühmten Zitat: «Freiheit nur für die Anhänger der Regierung, nur für die Mitglieder einer Partei [...] ist keine Freiheit. Freiheit ist immer Freiheit der Andersdenkenden.» Diese Freiheit wurde ihr seit Beginn des Ersten Weltkrieges genommen. Wegen ihrer Aufrufe zur Kriegsdienstverweigerung verbrachte sie die Kriegsjahre fast ausschließlich im Gefängnis. Die Ablehnung der Kriegskredite vertrat sie mit Gleichgesinnten wie Karl Liebknecht uneingeschränkt. Diese Gruppe begab sich damit in Opposition zur Mehrheit der SPD, spaltete sich ab und gründete im Dezember 1918 die KPD. Luxemburg, die ihre Ziele auf parlamentarischem Wege erreichen wollte, beugte sich hier der Mehrheit um Liebknecht, die weiterhin einen revolutionär-gewaltsamen Weg verfolgte und im Spartakusaufstand eine Räterepublik erzwingen wollte. Nach der Niederwerfung des Aufstandes wurden Liebknecht und Luxemburg verhaftet und im hasserfüllten Klima von Polizeikräften ermordet. Luxemburgs Leiche wurde achtlos in den Landwehrkanal geworfen und erst am 31. Mai entdeckt. Dieses traurige Ende zerstörte eine vielversprechende Zukunft – wer weiß, welche Rolle sie in der umkämpften Weimarer Republik hätte einnehmen können.

Literatur: Elzbieta Ettinger, *Rosa Luxemburg* (1990). – Ossip K. Flechtheim, *Karl Liebknecht zur Einführung* (2. Aufl. 1986). – Helmut Hirsch, *Rosa Luxemburg* (21. Aufl. 2004).

Thomas Mann

Schriftsteller; geb. 6.6.1875 Lübeck, gest. 12.8.1955 Zürich (Schweiz)

Klaus Mann bezeichnete es als «Familienfluch»: das Schreiben. Als Autoren verschiedener Prägung arbeitete tatsächlich der Großteil der Familie: Vater Thomas erhielt 1929 vor allem für seinen großen und vielschichtigen Roman «Die Buddenbrooks» den Nobelpreis für Literatur und kokettierte im Bewusstsein seiner Leistung und seines Stils narzisstisch mit dem Image als «Nachfolger Goethes». Onkel Heinrich wurde mit seinen obrigkeitskritischen Werken wie «Der Untertan» und sozialpolitischen Untertönen zum geistigen Vater der Weimarer Republik stilisiert. Bei beiden paarte sich die vom Vater vererbte bürgerliche Arbeitsdisziplin mit großer Kreativität – eine unbändige Schaffenskraft war die Folge. Beide entwickelten sich gar zu Gegenspielern, als sie während des Ersten Weltkrieges im Streit um Monarchie oder Republik Stellung gegeneinander bezogen. Somit bündelte sich in der Familie auch die deutsche Geschichte: Erste Themen der Brüder bezogen sich auf Kritik am Kaiserreich. Der Weltkrieg entzweite beide zunächst, doch im Laufe der Weimarer Republik rückten sie wieder enger zusammen. Die gesamte Familie Mann, auch Klaus' Geschwister Erika, Golo, Monika, Elisabeth und Michael, bezog Stellung gegen Hitler und versuchte die deutsche Kultur inmitten deutscher Barbarei zu retten. Dabei waren sie stets getrieben von bürgerlichen Werten der Bildung und Rechtschaffenheit. Auch hierin bestand aber Konfliktpotential: Während der lebensfrohe Heinrich Mann eine Animierdame zur Frau nahm und Klaus offen seine Homosexualität und seine Vorliebe für Drogen auslebte, disziplinierte sich Thomas Mann ins Extreme und unterdrückte seine Homosexualität, zwang sich in ein bürgerliches Leben. Es verwundert daher nicht, dass die stetig veröffentlichten privaten Dokumente eine enorme Spannung innerhalb der Familie offenbaren – eine Folge des «Fluchs»?

Literatur: Manfred Flügge, *Heinrich Mann* (2006). – Hermann Kurzke, *Thomas Mann* (2006). – Tilmann Lahme, *Golo Mann* (2009). – Irmela von der Lühe, *Erika Mann* (2009).

Ferdinand Sauerbruch

Chirurg; geb. 3.7.1875 Barmen (Wuppertal), gest. 2.7.1951 Berlin

Das 20. Jahrhundert hat zahlreiche berühmte Chirurgen hervorgebracht, doch in seiner ersten Hälfte überragte Sauerbruch alle anderen. Was heute selbstverständlich erscheint, war ein gewaltiges Problem: Wie kann man den Brustkorb operativ öffnen, ohne dass sich im Brustfellraum Luft ansammelt, den dort herrschenden Unterdruck aufhebt und die Lunge zusammenfallen lässt, was zum Tod des Patienten führt? Sauerbruch experimentierte mit ausgeklügelter Technik zur Thoraxoperation in Unterdruckkammern und gelangte damit zu Weltruhm. Zunächst in Marburg tätig, wurde Sauerbruch 1910 Direktor der chirurgischen Universitätsklinik in Zürich, meldete sich 1914 freiwillig zum Kriegsdienst, übernahm Kliniken in Greifswald und München und wechselte 1927 an die berühmte Berliner Charité, deren Chirurgie er bis 1949 leitete. 1931 gelang ihm erstmals die operative Entfernung eines Herzaneurysmas – Narbengewebe auf der Herzwand, das zur Ausbuchtung und zum Reißen der Wand führen kann –, was seinen Ruhm mehrte. Millionenfache Kriegsversehrte erforderten Entwicklungen auf dem Gebiet der Prothesen, und Sauerbruch entwickelte eine effiziente Handprothese («Sauerbruchhand»). Während der NS-Zeit leuchtete sein Stern weiter, das Regime versuchte ihn zu vereinnahmen, er selbst wehrte sich nicht dagegen, auch wenn er nie Parteimitglied war und sich für politisch und rassisch Verfolgte einsetzte. Die SED enthob ihn seiner Stellung an der Charité, und bis zu seinem Tod wirkte er im britischen Sektor von Berlin.

Literatur: Wolfgang Genschorek, *Ferdinand Sauerbruch* (3. Aufl. 1980). – Ferdinand Sauerbruch, *Das war mein Leben* (1995).

Konrad Adenauer

Politiker; geb. 5.1.1876 Köln, gest. 19.4.1967 Bad Honnef

Für die eben aus der Taufe gehobene Bundesrepublik bedeutete es 1949 einen Glücksfall, dass der bereits 73-jährige Adenauer ihr erster Kanzler wurde – er kam der Psyche der Nachkriegsdeutschen entgegen. Nach der Hyperideologisierung, der tiefen Verwirrung, der radikalen Desillusionierung und der Angst, die die Deutschen durchlitten hatten, wirkte Adenauer als Beruhigungsfaktor. Er gewöhnte sie an den Gedanken, dass Autorität und Demokratie vereinbar sind, stiftete Vertrauen, und dieses Vertrauen, das viele Menschen in seine Person setzten, übertrug sich auf die Bundesrepublik. Bis 1963 blieb Adenauer im Amt; dies war die Blütezeit der «Kanzlerdemokratie». Dass Adenauer ein solcher Patriarch und der wichtigste Kanzler der Bundesrepublik werden sollte, war nicht vorgezeichnet, wirkte er doch bis dato nur auf kommunaler Ebene. 1909 wurde er Stellvertreter des Oberbürgermeisters von Köln, 1917 übernahm er dieses Amt und gehörte für das Zentrum dem preußischen Herrenhaus an. Die Nazis enthoben ihn des Postens, Adenauer wurde 1934 und nach dem Attentat auf Hitler 1944 kurzzeitig inhaftiert, überstand jedoch das «Dritte Reich» unbeschadet. 1946 war er einer der Begründer der überkonfessionellen CDU und wurde Präsident des Parlamentarischen Rates. Da die BRD bis 1955 keinen Außenminister hatte, übernahm Adenauer auch dessen Aufgaben, was ihm alleinigen Zugang zu den alliierten Hohen Kommissaren verschaffte. Adenauers gelassene Willenskraft war das eine, dass er ein mit allen Wassern gewaschener politischer Fuchs war, das andere. Seine Verdienste sind zahlreich, seine größte Leistung war die unwiderrufliche Westbindung der BRD und die europäische Einigung mit dem Partner Frankreich. Den Elysée-Vertrag (1963) empfand er als die Krönung seiner Kanzlerschaft, die er im selben Jahr auf Drängen seiner Parteifreunde aufgab.

Literatur: Henning Köhler, *Adenauer* (1994). – Hans-Peter Schwarz, *Adenauer* (2 Bde., 1986–1991).

Gustav Stresemann

Politiker; geb. 10.5.1878 Berlin, gest. 3.10.1929 Berlin

Er war die große Hoffnung der Weimarer Republik, kein anderer hat sie so stabilisiert wie er. Dabei verfolgte Gustav Stresemann während des Ersten Weltkrieges noch annexionistische Ziele, verschrieb sich nach 1919 aber einer auf die Sicherung des Reiches bedachten Politik, die ihn 1923 als Reichskanzler an die Spitze der Regierung führte. In seinen drei Monaten als Kanzler stand er zwei Kabinetten vor – schnelle Regierungswechsel waren ein Kennzeichen der jungen Republik. In der Folge gehörte Stresemann bis zu seinem Tod jeweils als Außenminister sieben Kabinetten an. Als einzige Konstante erzielte er dabei Erfolge, die nach den Krisenjahren niemand erwartet hätte. Noch als Kanzler beendete er 1923 den teuren passiven Widerstand gegen Belgier und Franzosen im Ruhrgebiet, das von diesen wegen ausstehender Reparationsraten besetzt worden war. Mit der Einführung der Rentenmark überwand er die Inflation. Als Außenminister suchte Stresemann die Annäherung an Frankreich und erhielt dafür mit seinem französischen Kollegen Aristide Briand 1926 den Friedensnobelpreis. Er integrierte das Reich mit dem Vertrag von Locarno in Europa, unterhielt gleichzeitig zu Russland wichtige Wirtschaftskontakte. 1926 führte er Deutschland, den Paria von 1918, in den Völkerbund. Mit den Alliierten vereinbarte Stresemann 1924 den Dawes- und 1929 den Young-Plan, die erleichternde Reparationsmodi beinhalteten und die Aufhebung der Reparationen vorbereiteten, die 1932 auf der Konferenz von Lausanne beschlossen wurde. Ein Erfolg, der Stresemanns Wirken gekrönt und die Republik zusätzlich stabilisiert hätte. Stattdessen ernteten die regierenden Nationalkonservativen die Früchte. Unter seinem Nachfolger Curtius setzte ein Umschwung zu einer aggressiveren Außenpolitik ein – Stresemanns Tod markiert somit eine Wegscheide auf dem Weg in den Nationalsozialismus.

Literatur: Manfred Berg, *Gustav Stresemann* (1992). – Eberhard Kolb, *Gustav Stresemann* (2003). – Gottfried Niedhart, *Die Außenpolitik der Weimarer Republik* (2. Aufl. 2006).

Otto Hahn

Physiker; geb. 8.3.1879 Frankfurt/Main, gest. 28.7.1968 Göttingen

Chemische oder physikalische Entdeckungen und Erfindungen bergen oft die Gefahr des Missbrauchs oder einer Verwendung, deren Folgen man anfangs nicht abschätzen kann. Die Kernspaltung, die Otto Hahn 1938 gelang, ist dafür ein Beispiel. Als er ein Uranatom mit Neutronen beschoss, entstand kein neues Element mit einer um ein Neutron höheren Masse, sondern es zerfiel in zwei leichtere Stoffe (Barium und Krypton) mit der Gesamtmasse des ursprünglichen Urankerns. Da zum Zusammenhalten eines großen Atoms mehr Kraft benötigt wird als bei zwei kleineren, wurde im Moment der Spaltung eine so enorme Energie freigesetzt, dass man Kraftwerke mit hoher Energieproduktion oder Bomben mit immenser Zerstörungskraft entwickeln konnte. Hahn hatte bis dahin bereits mehrere neue Elemente (Mesothorium und Protactinium) und die Isomerie – verschiedene Moleküle können zwar die gleichen Bauteile besitzen, unterscheiden sich aber in ihrem konkreten Aufbau und damit in ihren Eigenschaften – entdeckt, war als Direktor des Kaiser-Wilhelm-Instituts für Chemie in die oberste Riege der Wissenschaftler aufgestiegen. Dabei stets an seiner Seite: Lise Meitner, eine unentbehrliche, da kenntnisreiche und treue Weggefährtin. Nach 1945 kämpfte Hahn für den Erhalt der Kaiser-Wilhelm-Gesellschaft und erreichte deren Umgründung in die Max-Planck-Institute, deren Gründungspräsident er wurde. Hahn zählt als Funktionär wie Praktiker zu den wichtigsten Köpfen der Naturwissenschaften weltweit.

Literatur: Klaus Hoffmann, *Schuld und Verantwortung* (1993). – Elisabeth Kraus, *Von der Uranspaltung zur Göttinger Erklärung* (2001). – Lise Meitner, *Erinnerungen an Otto Hahn* (2005).

Albert Einstein

Physiker; geb. 14.3.1879 Ulm, gest. 18.4.1955 Princeton (USA)

Albert Einstein revolutionierte die Physik wie sonst nur Kopernikus vor ihm. Er ist deshalb nicht nur eine deutsche oder globale, sondern eine kosmische Jahrhundertgestalt. Nach seinen Relativitätstheorien ist die Zeit nichts Festes, das sich kontinuierlich im Sekundentakt abspielt, sondern in der Nähe großer Massen oder bei Bewegung in hohen Geschwindigkeiten vergeht die Zeit langsamer. Satelliten im All, die weit über den Empfangsstationen am Erdboden kreisen, senden ohne Berücksichtigung dieses Effektes keine verlässlichen Signale. Es gibt auch keine wie ein Magnet wirkenden Anziehungskräfte. Stattdessen krümmt Masse den Raum, sodass Dellen entstehen. Wie Regentropfen auf einem eingedellten Kotflügel passen sich Körper den vorgegebenen Bahnen an. Den Nobelpreis 1921 erhielt Einstein für die Entdeckung des «lichtelektrischen Effekts», der quantenmechanische Überlegungen bestätigte: Mit Licht können Elektronen aus einem elektrischen Leiter geschossen und auf einen Empfänger übertragen, somit ein Stromkreis geschlossen werden. Dieser Effekt ermöglicht Straßenlampen, die sich bei Dunkelheit automatisch einschalten. Einstein veränderte somit Weltbild und Alltag der Menschen nachhaltig. Privat blieb ihm das Glück weniger hold: Als Jude angefeindet, kehrte er von einem 1932 begonnenen Forschungsaufenthalt in den USA nicht mehr nach Deutschland zurück. Vom Befürworter der US-Atombombe, um den Deutschen zuvorzukommen, entwickelte er sich zum weitgehend ignorierten Gegner atomarer Aufrüstung.

Literatur: Thomas Bührke, *Albert Einstein* (2004). – Albrecht Fölsing, *Albert Einstein* (1995). – Jürgen Neffe, *Einstein* (2005).

Emmy Noether

Mathematikerin; geb. 23.3.1882 Erlangen, gest. 14.4.1935 Bryn Mawr (USA)

Emmy Noether stammte aus einer Mathematiker-Familie, doch war es als Frau schwierig, diese Tradition fortzusetzen. In Bayern durften sich die ersten Frauen ab dem Wintersemester 1903/04 an den Universitäten immatrikulieren, allerdings blieb ihnen eine Habilitation und damit der Weg zur Professorin untersagt. Die bedeutendste deutsche Mathematikerin, auf die eine grundsätzliche Neuformung der abstrakten Algebra zurückgeht, litt zwar unter der Benachteiligung, ließ sich jedoch nicht beirren. Sie entwickelte das Noether-Theorem, mit dem sie aus mathematischen Überlegungen zur Symmetrie die physikalische Energie- und Impulserhaltung bewies – und die Noetherschen Ringe, Strukturen, die nicht in unendlich viele Unterstrukturen aufgebrochen werden können. Beides ist heute fester Bestandteil von Mathematik und Physik. Auch wenn die Verfassung der Weimarer Republik von 1919 bekanntlich das Frauenwahlrecht eingeführt hatte, blieben die Universitäten meist ein Hort der Beharrung und des Konservativen. So konnte sich Noether zwar an der Universität Göttingen als erste Frau im Fach habilitieren, trotz überzeugender wissenschaftlicher Leistungen blieb ihr jedoch eine Universitätskarriere verwehrt. 1922 zur außerordentlichen Professorin ohne Einkommen ernannt, lebte sie im Wesentlichen vom Familienvermögen. 1933 wurde ihr die Lehrbefugnis aus rassischen Gründen entzogen. In das Visier der Nazis geriet Noether nicht allein, weil sie Jüdin war. Sie hatte zeitweilig der SPD angehört und vertrat einen ausgeprägten Pazifismus. Noether war ein Beispiel für den erzwungenen Exodus des Geistes aus Deutschland: Im Herbst 1933 nahm sie eine Gastprofessur in Princeton (USA) an und stiftete dort ein Stipendium für angehende Mathematikerinnen, bevor sie an den Folgen einer Tumoroperation verstarb. Bis heute wird das «Emmy Noether Fellowship» verliehen.

Literatur: Auguste Dick, *Emmy Noether* (1981). – *Emmy Noether, Gesammelte Abhandlungen,* hg. v. Nathan Jacobson (1983). – Knut Radbruch, *Emmy Noether* (2008).

Adolf Hitler

Diktator; geb. 20.4.1889 Braunau/Inn (Österreich), gest. 30.4.1945 Berlin

Hitler war das schlimmste Unglück nicht nur für die deutsche, sondern für die europäische Geschichte des 20. Jahrhunderts und gehört zu den größten Massenmördern der Weltgeschichte. Seine zentrale Rolle speist sich allein aus dem Destruktiven. Der Schulabbrecher und verhinderte Künstler schwang sich 1921 zum Vorsitzenden der NSDAP auf, die von der Weltwirtschaftskrise seit Ende der 1920er Jahre massiv profitierte und 1933 mit Hilfe der alten Eliten sowie der Unterstützung von etwa der Hälfte der deutschen Bevölkerung an die Macht gelangte. Hitler befahl die Ermordung seiner innerparteilichen Widersacher, ließ politisch Andersdenkende verfolgen und ernannte sich nach dem Tod Hindenburgs 1934 zum «Führer und Reichskanzler». So sicherte er seine Diktatur, setzte konsequent seine antisemitische und rassistische Ideologie um und steuerte mit einem gewaltigen Aufrüstungsprogramm auf einen Krieg in Europa zu, um «Lebensraum» zu erobern. Ohne Skrupel ging er dabei auch kurze Zweckbündnisse mit seinem «bolschewistischen Todfeind» Stalin ein. Die siegreichen Kriege gegen Polen und Frankreich steigerten sein Ansehen, es bildete sich unter den Deutschen eine Art «Führermythos» heraus. Durch Niederlagen und das fehlgeschlagene Attentat vom 20. Juli 1944 wurde dieser nur wenig beeinträchtigt. Der Völkermord an den europäischen Juden und die Ausmerzung von «Gemeinschaftsfremden» (Sinti und Roma, Behinderte, Homosexuelle) sowie ein rassischer Vernichtungskrieg im Osten und das Streben nach Weltherrschaft waren Programm einer Mordpolitik, die alle bisher gekannten Dimensionen überstieg. Fußte das NS-Regime von Beginn an auf Terror und Gewalt, so lief es am Ende des Krieges Amok gegen das eigene Volk, das sich in den Augen Hitlers als schwach erwiesen und deshalb kein Überlebensrecht habe. Er selbst entzog sich durch Selbstmord der Verantwortung.

Literatur: Ulrich Herbert (Hg.), *Nationalsozialistische Vernichtungspolitik 1939–1945* (1998). – Ian Kershaw, *Hitler* (2 Bde., 1998–2000). – Volker Ullrich, *Adolf Hitler* (2013).

Otto Dix

Künstler; geb. 2.12.1891 Untermhaus (Gera), gest. 25.7.1969 Singen (Hohentwiel)

Wie so viele seiner Generation zog der junge Dix freudig erregt in den Ersten Weltkrieg. Der ausgebildete Dekorationsmaler und Absolvent der Kunstgewerbeschule in Dresden erhoffte sich ein erfrischendes «Stahlbad» und schrieb in den ersten Wochen des Feldzuges nach Hause, dass es ihm großen «Spaß» mache, in den Kampfpausen Szenen des Kriegsalltags zu zeichnen. Die Ernüchterung folgte auf den Fuß: In den Schützengräben zählte nicht Edelmut und Tapferkeit. Die Granaten des Trommelfeuers zerfetzten Soldaten anonym, der «Heldentod» bedeutete in Wahrheit elendes Krepieren im Dreck und Morast. Begeisterung bei Kriegsbeginn 1914 war unter deutschen Künstlern weit verbreitet, August Macke, Georg Trakl oder Franz Marc, um nur einige zu nennen, fanden den Tod. Dix überlebte, und seine Fronterfahrungen prägten sein Schaffen für die nächsten 20 Jahre. Seit 1919 wirkte er an der Kunstakademie Dresden, wo er seinen unverwechselbaren Stil fand. Kein anderer – von George Grosz abgesehen – hat so schonungslos und drastisch das Großstadtleben der 1920er Jahre und Menschen am Rande der Gesellschaft, etwa Prostituierte und Kriegskrüppel, gemalt wie er. Die Kunstrichtung der «Neuen Sachlichkeit» fand in ihm einen herausragenden Vertreter. Dix' Monumentalgemälde «Der Schützengraben» bestimmt noch heute unsere visuelle Vorstellung vom dortigen Sterben. Dass die Nazis 1937 seine Werke als «entartet» brandmarkten, verwundert nicht. Dix erhielt Malverbot und lebte zurückgezogen auf der Höri-Halbinsel am Bodensee.

Literatur: Nicole Bröhan, *Dix* (2007). – Philipp Gutbrod, *Otto Dix* (2009). – Corinna Höper (Hg.), *Kriegszeit. Kollwitz, Beckmann, Dix, Grosz* (2011). – Olaf Peters, *Otto Dix* (2013).

Walter Ulbricht

KPD-Politiker und DDR-Funktionär; geb. 30.6.1893 Leipzig, gest. 1.8.1973 Groß Dölln

Walter Ulbricht, Tischler von Beruf, beteiligte sich 1919 an der Gründung der KPD und gehörte seit 1927 zum Zentralkomitee der Partei. Nach einer gründlichen Ausbildung zum Spitzenfunktionär in Moskau gelang ihm 1928 der Einzug in den Reichstag, und er erhielt die wichtige Stelle eines Bezirkssekretärs von Berlin-Brandenburg. Als vorbildlicher «Apparatschik» hielt Ulbricht die Fäden der Parteiarbeit 1933 in der Hand, emigrierte nach dem Verbot der KPD und der Verfolgung von Kommunisten durch die Nazis nach Prag, dann nach Paris und 1938 schließlich in die Sowjetunion, wo er als Vertreter der deutschen Kommunisten in der Komintern tätig war. Die legendäre «Gruppe Ulbricht» kam 1945 von Moskau nach Berlin, organisierte den Wiederaufbau der KPD und leitete die Zwangsvereinigung mit der SPD zur SED in die Wege, deren Generalsekretär Ulbricht 1950 wurde. Nach dem gescheiterten Volksaufstand des 17. Juni 1953, der den Ausbau des Repressionsapparates nach sich zog, festigte er seine politische Stellung innerhalb der SED. Oppositionelle Gruppen fielen Säuberungsaktionen zum Opfer. Nach dem Tode Wilhelm Piecks bestimmte die SED Ulbricht zum Vorsitzenden des neu gebildeten Staatsrates der DDR. Als Staats- und Parteichef verfügte er nun über eine enorme Machtfülle. Ulbricht hatte aus dem einst schwächsten Teil des Ostblocks mit diktatorischer Hand einen Juniorpartner der mächtigen Sowjetunion gemacht und die DDR nach der UdSSR zur führenden Industriemacht ausgebaut, was sein Selbstbewusstsein stärkte. Er drängte Chruschtschow gar zur Sperrung der innerstädtischen Berliner Grenze und damit zum Bau der Mauer. Mit zunehmendem Alter wurde er starr und geriet vor allem bei der Frage einer Neugestaltung der Beziehungen zur BRD in Widerspruch zu den Interessen der Sowjetunion, was Honecker nutzte, der ihn 1971 rüde politisch aus dem Weg räumte.

Literatur: Mario Frank, *Walter Ulbricht* (2001). – Klaus-Dietmar Henke (Hg.), *Die Mauer* (2011).

Carlo Schmid

Politiker; geb. 3.12.1896 Perpignan (Frankreich), gest. 11.12.1979 Bad Honnef

Die erste Lebenshälfte des Sohnes einer französischen Mutter und eines deutschen Vaters war überschattet von den deutschen Katastrophen. Im Ersten Weltkrieg litt er unter den Demütigungen seiner Regimentskameraden. In den 1920er Jahren suchte er die Nähe zu undogmatischen Sozialismuskonzepten. Nach einem Jahr am Kaiser-Wilhelm-Institut für Völkerrecht in Berlin kehrte Schmid 1929 zur Habilitation an die Universität Tübingen zurück. Ihm schien eine glänzende Professorenkarriere offenzustehen, doch 1933 war der Traum aufgrund seiner offen gezeigten Abneigung gegen den Nationalsozialismus ausgeträumt. 1940 erhielt er die Einberufung als Kriegsverwaltungsrat nach Lille in Frankreich, wo er taktisch klug gegen das NS-Regime arbeitete. Seine große Stunde schlug 1945 in Tübingen, das zur französischen Besatzungszone gehörte. Als Kenner der französischen Kultur und Mentalität vertrat er geschickt die Interessen des Landes vor der Militärregierung. Alle Themen seiner zweiten Lebenshälfte waren in dieser Zeit angelegt: Der Parteineuling stritt für eine Reform der SPD, der Verfassungspolitiker für eine westorientierte, krisenfeste Demokratie, der Deutschlandpolitiker für die Einheit des Vaterlandes und der Außenpolitiker für Europa, eine Aussöhnung mit Frankreich und Polen sowie eine Wiedergutmachung an Israel. Seine wichtigste politische Rolle fand Schmid 1948/49 als Vorsitzender des Hauptausschusses des Parlamentarischen Rates. In vielen Teilen trägt das Grundgesetz seine Handschrift. Schmid war Autorität kraft Bildung und Menschenfreundschaft. Der Professor für Öffentliches Recht machte sich auch einen Namen als Humanist, Literat und Lyriker. Schmid war lange der beliebteste Politiker der Bundesrepublik und wurde 1958 als möglicher Bundespräsident gehandelt. Er war ein maßgebender Gestalter des Neuanfangs deutscher Demokratie.

Literatur: Carlo Schmid, *Erinnerungen* (1979). – Petra Weber, *Carlo Schmid* (1996).

Bertolt Brecht

Schriftsteller; geb. 10.2.1898 Augsburg, gest. 14.8.1956 Ost-Berlin

Wenige Wochen vor seinem plötzlichen Tod 1956 unterbreitete Brecht den Vorschlag für einen Nachruf: «Schreiben Sie nicht, dass Sie mich bewundern. Schreiben Sie, dass ich unbequem war und es auch nach meinem Tode zu bleiben gedenke.» Wie Recht er hatte. An Brecht scheiden sich bis heute die Geister: Überschwängliches Lob für den großen Erneuerer des Dramas verbindet sich mit vernichtender Kritik an seiner klassenkämpferischen Weltsicht. Brecht wurde als Sohn eines Papierfabrikanten in Augsburg geboren, machte 1917 das Notabitur und wurde noch im Oktober 1918 als Lazarettsoldat eingezogen. In der Novemberrevolution schloss er sich den Arbeiter- und Soldatenräten an. Ab Anfang der 1920er Jahre begann seine literarische Produktivität, «Trommeln in der Nacht» verschaffte ihm den Durchbruch, «Baal» erschien, 1924 zog er ins brodelnde Berlin. Eine intensive Auseinandersetzung mit dem Marxismus trieb seine Dramen voran. Die kapitalismuskritische Oper «Aufstieg und Fall der Stadt Mahagonny» endete in Tumulten und scharfem Protest des bürgerlichen Publikums, die «Dreigroschenoper», sein bekanntestes Werk, lebt auch von der genialen Musik Kurt Weills. 1933 verließ Brecht Deutschland, hielt sich in Dänemark, Schweden, Finnland, den USA und der Schweiz auf. 1941 wurde in Zürich «Mutter Courage und ihre Kinder» uraufgeführt. 1949 siedelte Brecht nach Ost-Berlin über, wurde von der SED hofiert, baute das berühmte «Berliner Ensemble» auf, verhielt sich beim Volksaufstand des 17. Juni 1953 zwiespältig und bekam den «Stalin-Preis für Frieden und Verständigung zwischen den Völkern». Brecht war sicherlich ein schwieriger Zeitgenosse, aber doch einer der größten Dramatiker des 20. Jahrhunderts. Er war auch ein Meister der kurzen Prosa: «‹Woran arbeiten Sie?› wurde Herr K. gefragt. Herr K. antwortete: ‹Ich habe viel Mühe, ich bereite meinen nächsten Irrtum vor›».

Literatur: Jan Knopf, *Bertolt Brecht* (2006). – Klaus-Detlef Müller, *Bertolt Brecht* (2009). – Klaus Völker, *Brecht* (1976).

Hermann Josef Abs

Bankier; geb. 15.10.1901 Bonn, gest. 5.2.1994 Bad Soden

Nach einer Bankausbildung in Bonn wechselte Hermann Josef Abs 1921 zum Kölner Bankhaus Delbrück und von der Heydt & Co., wo Mitinhaber Koenigs ihm lange Reisen durch Europa, Südamerika und die USA ermöglichte. Abs eignete sich hier breite Fremdsprachenkenntnisse an und baute ein Netzwerk auf, von dem er später profitierte. Er avancierte mit seinen Fähigkeiten zum Shooting-Star der Bankenszene, die Deutsche Bank berief ihn daher 1938 zu ihrem Direktor der Auslandsabteilung. Für das Geldhaus gewann er im Zuge des Einzugs jüdischen Eigentums neue Kundenstämme und strich im Rahmen des Aufkaufs von deutschen Auslandsanleihen mit erbeutetem Gold für sich selbst satte Provisionen ein. Da er jüdische Bankiers in Schutz nahm und mit Blick auf eine Kooperation nach dem Krieg die Banken in den besetzten Gebieten schonte, galt er gleichzeitig als vertrauenswürdiger Partner. Seine große Zeit erlebte Abs nach dem Krieg. 1948 gründete er die Kreditanstalt für Wiederaufbau, die Verwalterin der Gelder aus dem Marshall-Plan. Er wurde Finanzberater von Kanzler Adenauer und erreichte in dieser Funktion 1953 einen zentralen Schritt der frühen Bundesrepublik: Auf der Londoner Schuldenkonferenz handelte er ein Moratorium für deutsche Reparationszahlungen bis zum Abschluss eines Friedensvertrages aus. Er sicherte den deutschen Firmen damit Kreditwürdigkeit und Vertrauen im Ausland. Das Abkommen ermöglichte zunächst aber auch den Verzicht auf Entschädigungszahlungen für ausländische NS-Opfer wie Zwangsarbeiter. 1957 gelang ihm die Zusammenführung der nach dem Krieg zerschlagenen Deutschen Bank, deren Sprecher und Aufsichtsratsvorsitzender er war. Abs ist einer der Gründungsväter der Bundesrepublik und die Symbolfigur des deutschen Bankenwesens schlechthin. Er symbolisiert aber auch den schmalen Grat zwischen pragmatischem und moralischem Handeln.

Literatur: Lothar Gall, *Der Bankier Hermann Josef Abs* (2004). – Harold James, *Die Deutsche Bank und die «Arisierung»* (2001).

Marlene Dietrich

Schauspielerin; geb. 27.12.1901 Berlin, gest. 6.5.1992 Paris (Frankreich)

Kein anderer Star beschäftigte die Deutschen so sehr wie «die» Dietrich. Als «Lola Lola» zerstörte sie 1930 im Film «Der blaue Engel» die Welt der Scheinmoral, wurde zur Ikone einer freien Sexualität; ihr bewusstes Tragen von Hosen bei öffentlichen Auftritten beförderte ein emanzipiertes Frauenbild. Hollywood entdeckte schon früh ihr Potential und holte sie 1930 in die USA – ein herber Verlust für die ambitionierte Filmgesellschaft Ufa, die mit der US-Filmindustrie konkurrieren wollte. Mit ihrer preußischen Erziehung zu Disziplin und Pflichterfüllung machte sich Dietrich schnell einen Namen und entwickelte sich in einem für Deutsche einzigartigen Ausmaß zum Weltstar. Die bereits beschlossene Rückkehr ins Deutsche Reich scheiterte im Mai 1933 an den Gewalttaten und Verboten gegen jüdische Kollegen – die Nationalsozialisten ekelten Dietrich an und sie blieb in den USA. Dort setzte sie sich in den Weltkriegsjahren für Kriegsanleihen und Unterhaltung der Soldaten ein. Als emanzipierte Frau, die in schöner Kleidung auftrat und mit der Erotik kokettierte, die zudem den Kriegsgegner unterstützte und sich der Not des eigenen Volkes entzogen hatte, passte sie nicht in die deutsche Nachkriegsgesellschaft. Bei Auftritten in Deutschland während einer Showtournee durch Europa 1960 schlug ihr blanker Hass entgegen. Erst in den 1980er Jahren versöhnte sich das Publikum mit ihr und sah in ihr eine Vertreterin des «besseren Deutschland». Liebe und Hass – gebündelte deutsche Geschichte des 20. Jahrhunderts.

Literatur: Marlene Dietrich, *Ich bin, Gott sei Dank, Berlinerin* (1998). – Maria Riva u. a. (Hgg.), *Marlene Dietrich* (2001). – Linde Salbe, *Marlene Dietrich* (2001).

Max Schmeling

Boxer; geb. 28.09.1905 Klein-Luckow (Uckermark), gest. 2.2.2005 Hollenstedt (bei Hamburg)

Es war die größte Überraschung der Boxgeschichte, und dieser Kampf gilt als «fight of the century»: Am 19. Juni 1936 schlug Max Schmeling in New York in der zwölften Runde den als unbesiegbar geltenden Joe Louis, dessen zeitgenössischer Kampfname «der braune Bomber» lautete. Sofort vereinnahmte die Nazi-Propaganda den Sieg; sei dieser doch ein Beweis für die «Überlegenheit der germanischen Rasse». Dass Schmeling den zweiten Kampf gegen Louis 1938 durch K. o. in der ersten Runde verlor, wurde schnell unter den Tisch gekehrt. Schmelings Instrumentalisierung durch die Nazis ging noch weiter: Nach der Einberufung in die Wehrmacht wurde er zum Fallschirmjäger ausgebildet und war bei der Luftlandeaktion auf Kreta dabei, begleitet von Fotografen. Was die Welt erst 1989 erfuhr: Der Boxer hielt 1938 zwei jüdische Jungen in seinem Haus versteckt und ermöglichte ihnen die Flucht nach Amerika. 1931 hatte Schmeling erstmals den Titel «Weltmeister aller Klassen» geholt. Als er diesen im Jahr darauf infolge einer umstrittenen Punktniederlage wieder verlor, nahm er es sportlich und fair – einer seiner wesentlichen Charakterzüge. Das Soldatische lag ihm nicht, wer hinschaute erkannte in dem Sportler das Urbild eines Zivilisten, und so war er in der Weimarer Zeit mit Heinrich Mann, Bertolt Brecht, Fritz Kortner, Egon Erwin Kisch und Kurt Tucholsky befreundet. Nach dem Krieg hatte Schmeling fast seinen gesamten Besitz verloren – und wieder war es Amerika, das ihn groß machte: Als Inhaber einer Coca-Cola-Lizenz stieg er zu einem erfolgreichen Unternehmer auf, der als stiller Wohltäter andere an seinem Reichtum teilhaben ließ. Er war der erste Deutsche, der in die «Hall of Fame», die Ruhmeshalle des Boxsports, aufgenommen wurde und ist bis heute der einzige Weltmeister seines Landes im Schwergewicht. Ein Jahrhundertsportler und Jahrhundertwohltäter.

Literatur: Martin Krauß, *Schmeling* (2005). – David Pfeifer, *Max Schmeling* (2005).

Homo heidelbergensis

Gattung des Menschen; geb. 21.10.1907 Mauer

«Adam» – so heißt in der Bibel der erste Mensch. Auch der 1907 in einer Sandgrube im Ort Mauer (bei Heidelberg) gefundene menschliche Kieferknochen wurde von seinem Finder so benannt. Welches Wesen mochte wohl hinter dem Knochen stecken? Dass die erste Bezeichnung durchaus seine Berechtigung hatte, machten die Untersuchungen deutlich. Die Spuren am Knochen zeigten, dass eine ganz neue Gattung Mensch gefunden worden war: Eine komplette Zahnreihe und ein runder Kieferbogen zeigten Merkmale des modernen Neandertalers, der bereits 1856 bei Mettmann entdeckt worden war. Gleichzeitig belegten das fehlende Kinn und eine gerade verlaufende Höhe des Kieferknochens die Rückständigkeit dieses Menschen in Relation zum modernen Menschen. Es musste sich demnach um eine Art ‹Übergangsmensch› handeln: Als die ersten Menschen der Gattung homo erectus vor etwa 1 Mio. Jahren Afrika verließen, entwickelten sie sich an ihren Ankunftsorten weiter. In Europa entfaltete sich der Neandertaler, der sich an das immer kälter werdende Klima der Weichsel-Eiszeit und an die weiten Landschaften bestens anpassen konnte. Sein direkter Vorfahre war «Adam», für den man nun angesichts seiner Bedeutung in der Menschheitsentwicklung – als ältester Menschenfund nördlich der Alpen – einen eigenen wissenschaftlichen Namen brauchte: homo heidelbergensis. In Afrika und Asien entwickelte sich der heutige Mensch homo sapiens. Auch er blieb nicht sesshaft und wanderte nach Europa, wo er vor etwa 30 000 Jahren mit seiner überlegenen Anpassungsfähigkeit den deshalb aussterbenden Neandertaler verdrängte. Die deutschen Funde markieren Meilensteine und Wendepunkte der Menschheitsgeschichte. «Adam», der mit etwa 25 Jahren zusammen mit Waldelefanten und -nashörnern in großen Wäldern am Neckar gelebt haben soll, steht somit tatsächlich für die ersten Menschen in Nordeuropa.

Literatur: Michael Bolus, Ralf W. Schmitz, *Der Neandertaler* (2006). – Erich Mick u. a. (Hgg.), *Homo heidelbergensis* (2007).

Claus Schenk Graf von Stauffenberg

Soldat; geb. 15.11.1907 Jettingen, gest. 21.7.1944 Berlin

Stauffenberg entstammte einer schwäbischen Adelsfamilie und hatte bis zum Ausbruch des Zweiten Weltkrieges eine glänzende militärische Karriere absolviert. Wie so viele aus dem konservativ und monarchisch gesinnten Milieu lehnte er die Weimarer Republik ab. Aus einem elitären Selbstverständnis heraus erwuchs bei ihm eine gewisse Distanz zum «plebejischen» Nationalsozialismus; die Aufbruchsstimmung 1933 erfasste jedoch auch ihn. Es war ein langsamer und schmerzhafter Prozess der Einsicht in den verbrecherischen Charakter des Naziregimes, der Stauffenberg und weitere Männer und Frauen in den Widerstand und zum Hitler-Attentat des 20. Juli 1944 führte. Die brutale deutsche Besatzungspolitik im Osten Europas und der Völkermord öffneten ihm die Augen. Bei einem Fronteinsatz in Afrika wurde Stauffenberg im April 1943 schwer verwundet, verlor sein linkes Auge, die rechte Hand und zwei Finger der linken Hand. Während seiner Rekonvaleszenz reiften die Pläne zum Tyrannenmord, sein Bruder Berthold und er knüpften Kontakte zu Gleichgesinnten, etwa aus dem «Kreisauer Kreis». Als Chef des Stabes beim Allgemeinen Heeresamt konnte er im Führerhauptquartier «Wolfsschanze» in die Nähe Hitlers gelangen. Die Operation «Walküre» misslang jedoch, Hitler überlebte nur leicht verletzt das Attentat. Die bereits in der Umsetzung begriffene, aber zu langsame Regierungsübernahme samt Festsetzung der hitlertreuen Funktionäre hakte. Noch in derselben Nacht schlug das Regime brutal zurück, Stauffenberg und zahlreiche Mitverschwörer wurden standrechtlich erschossen. In Stauffenbergs Person haben das «andere Deutschland» und der Widerstand gegen die Nazi-Diktatur eine eindrucksvolle Verkörperung gefunden. Der Aufstand des Gewissens, der auch andere Widerstandskämpfer auszeichnete, etwa die erst 21-jährige Sophie Scholl («Weiße Rose»), bleibt Vermächtnis.

Literatur: Barbara Beuys, *Sophie Scholl* (2010). – Wolfgang Venohr, *Stauffenberg* (3. Aufl. 2000). – Eberhard Zeller, *Oberst Claus Graf Stauffenberg* (2. Aufl. 2008).

Konrad Zuse

Ingenieur; geb. 22.6.1910 Wilmersdorf (Berlin), gest. 18.12.1995 Hünfeld

Weil er angeblich selbst zu faul zum Rechnen war, begann der auch in Malerei und Schauspiel begnadete Tüftler Konrad Zuse einen automatischen Rechenapparat zu entwickeln. Mithilfe von Freunden und seines bereits pensionierten Vaters, der zur Finanzierung des Projektes seines Sohnes die Arbeit wieder aufnahm, baute Zuse in einem Prozess stetiger Improvisation sein erstes Modell, die Z1. Mit den Folgemodellen der Z2 und dann vor allem der Z3 von 1941 gelang ihm der Durchbruch zur ersten vollautomatischen und programmierbaren Maschine. Dabei setzte er auf das Binärsystem, mit dem sich alle Zahlen als Folgen von 0 und 1 darstellen lassen. Ein auf normalen Zahlen beruhendes Eingabesystem ermöglichte dann die klare Übersetzung von Rechenprozessen in eine automatische mechanische Bewegung. 1949 gründete er seine Firma, die Zuse KG, mit der er im großen Stile Computer produzierte. Mehr Tüftler als Betriebswirt musste er die Firma 1967 an Siemens verkaufen, da er sich der US-Konkurrenz nicht länger widersetzen konnte. Ein Patent für den Computer wurde ihm zeitlebens verwehrt – er habe nur bereits bestehende Ansätze zusammengeführt und keine neue Leistung vollbracht. Die grundlegende Computertechnik hat sich allerdings seit der Z3 nicht verändert, durch immer feinere Elektronik wurden die Geräte ‹nur› kleiner und schneller. Mit dieser kontinuierlichen Weiterentwicklung durchdrang Zuses Erfindung alle Lebensbereiche des Menschen und erleichterte somit nicht nur sich selbst den Müßiggang.

Literatur: Jürgen Alex u. a. (Hgg.), *Konrad Zuse* (2000). – Raul Rojas (Hg.), *Die Rechenmaschinen von Konrad Zuse* (1998). – Konrad Zuse, *Der Computer* (3. Aufl. 1993).

Grete Schickedanz

Unternehmerin; geb. 20.10.1911 Fürth, gest. 23.7.1994 Fürth

Es war das moderne Einkaufen in der Konsumgesellschaft: In den 1970er Jahren blühten die Versandhäuser, man bestellte aus dem Katalog, und die Post lieferte die Ware ins Haus. «Quelle» in Fürth machte etwa sieben Milliarden D-Mark Umsatz pro Jahr und beschäftigte rund 36 000 Mitarbeiter. Als Grete Schickedanz nach dem Tod ihres Mannes 1977 den Vorstandsvorsitz der Handelsgruppe übernahm, gehörte sie bereits zu den bedeutendsten Unternehmerinnen in Deutschland. Der Versandhandel stammte wie so vieles aus Amerika, wo er sich bereits seit dem letzten Drittel des 19. Jahrhunderts verbreitet hatte. In Deutschland kam es in den 1920er Jahren zur Gründungswelle. 1927 hatte Grete eine Lehre im noch sehr kleinen Versandhaus Quelle begonnen, heiratete 1942 den Gründer Gustav Schickedanz und baute das Unternehmen nach dem Zweiten Weltkrieg wieder auf. Ihr Mann war als NS-Belasteter bis 1949 mit einem Berufsverbot belegt, und so lag die Hauptarbeit bei Grete, die 1954 Generalbevollmächtigte und Mitglied des Konzernbeirats wurde. Ihr Einfluss erstreckte sich nicht nur auf die Bereiche Einkauf, Marketing und Werbung, vielmehr prägte sie mit der millionenfachen Verbreitung der Quelle-Kataloge den Modegeschmack breiter Bevölkerungsschichten und übernahm mit Verbesserungen für Mitarbeiterinnen sowie einer umfangreichen Spendentätigkeit auch soziale Verantwortung. Neue Geschäftsfelder fügte sie hinzu, vor allem im Bereich der Finanzdienstleistungen. Bundespräsident Weizsäcker nannte Schickedanz «First Lady der deutschen Wirtschaft». Ihre Firma wuchs scheinbar unaufhörlich – bis mit dem Internethandel die gedruckten Kataloge plötzlich wie aus einem vergangenen Jahrhundert erschienen. Der Online-Handel gewann rasant an Bedeutung, von den konventionellen Versandhäusern überlebten nur wenige. Zwei der größten gingen ein: 2009 Quelle und 2012 Neckermann.

Literatur: Christian Böhmer, *Grete Schickedanz* (1996). – Theo Reubel, *Grete Schickedanz* (1986).

Wernher von Braun

Ingenieur; geb. 23.3.1912 in Wirsitz (heute Wyrzjsk/Polen), gest. 16.6.1977 in Alexandria (USA)

«[V]om Werk seiner Hände kündet das Firmament» – dieser Satz des 19. Psalms, auf den seine Grabplatte verweist, trifft auf keinen so zu wie auf Wernher von Braun. Ohne ihn wäre der Himmel in der Tat leerer: keine Raketen, keine Satelliten, keine bemannte Raumfahrt. Braun ist somit einer der wichtigsten Ingenieure des 20. Jahrhunderts. Dabei profitierte er maßgeblich von den Umbrüchen des «Zeitalters der Extreme»: Vom NS-Regime wurde Braun als technischer Direktor der Heeresversuchsanstalt Peenemünde gefördert, da es sich von seinen Ansätzen schlagkräftige Waffen erhoffte. Braun entwickelte die V2-Rakete, die im letzten Kriegsjahr noch zum Angriff auf London eingesetzt wurde, aber keine entscheidende Wirkung mehr entfaltete. 1937 trat er der NSDAP, 1941 der SS bei; zur Aufrechterhaltung der Raketenproduktion wurden unter seiner Leitung – hauptsächlich im KZ Mittelbau-Dora – Zwangsarbeiter eingesetzt. Er rechtfertigte dies im Nachhinein als formelle Schritte, um seine langfristigen von der NS-Ideologie unabhängigen Forschungen zu sichern. Schon im September 1945 rekrutierten ihn die USA, stellten ihm sogar ein eigenes Team zur Verfügung, mit dem er seine Forschungen fortführen konnte. In den USA baute der 1955 eingebürgerte Braun seit 1950 die neue Raketenstation sowie ab 1958 die NASA am Cape Canaveral auf. Dort entwickelte er Atomraketen, Satelliten, das Raketenprogramm «Saturn» und Pläne für die bemannte Raumfahrt. Diese zweite Hälfte seiner Laufbahn wurde 1969 mit der Mondlandung gekrönt.

Literatur: Wernher von Braun, *Bemannte Raumfahrt* (1968). – Michael J. Neufeld, *Wernher von Braun* (2009). – Johannes Weyer, *Wernher von Braun* (1999).

Axel Cäsar Springer

Journalist und Verleger; geb. 2.5.1912 Altona (Hamburg), gest. 22.9.1985 Berlin

In der Lebensgeschichte Springers spiegelt sich ein Stück der alten Bundesrepublik. Er prägte die veröffentlichte Meinung der Republik, er war als strikt antikommunistischer Medienmogul enorm umstritten, galt den einen als unverbesserlicher «Kalter Krieger», den anderen als standhafter Patriot und er zeichnete sich durch ein außergewöhnliches Engagement für Israel aus. Als einziger Sohn eines eher kleinen Verlegers wurde er früh mit dem Pressewesen vertraut und konnte, von den britischen Besatzungsbehörden als unbelastet eingestuft, bereits im Dezember 1945 Zeitungslizenzen erwerben. 1946 erschienen die «Nordwestdeutschen Hefte» sowie die illustrierte Radiozeitschrift «Hörzu», 1948 starteten die Frauenzeitschrift «Constanze» und das «Hamburger Abendblatt». Der größte Coup gelang 1952 mit der Gründung der «Bild»-Zeitung – der Name war Programm; das Blatt erreichte bald eine Millionenauflage und avancierte zur größten Boulevardzeitung Europas. Durch Zukauf von Verlagshäusern und Buchverlagen stieg Springer binnen eines Jahrzehnts zum erfolgreichsten und umsatzstärksten Verleger der Bundesrepublik auf. Eine solche Dominanz war nicht unbedenklich, und so vermehrten sich mit dem Erfolg die Rivalen. Selbst nicht zimperlich gegenüber dem politischen Gegner, der in Springers Augen stets links stand, bildete die «Springer-Presse» eine Zielscheibe für die «68er», aber auch für die Konkurrenten Rudolf Augstein («Der Spiegel») und Gerd Bucerius («Die Zeit»). Springer hatte einen Instinkt für befähigte Chefredakteure und Manager, und keiner lotete die Chancen des Pressemarktes besser aus als er. Aber sein Sendungsbewusstsein verletzte und verteufelte Andersdenkende.

Literatur: Michael Jürgs, *Der Fall Axel Springer* (1995). – Hans-Peter Schwarz, *Axel Springer* (2008).

Erich Honecker

KPD-Politiker und DDR-Funktionär; geb. 25.8.1912 Neunkirchen (Saar), gest. 29.5.1994 Santiago de Chile (Chile)

18 Jahre lang war er Alleinherrscher der DDR, und zu manchen Zeiten genoss er bei vielen Ostdeutschen durchaus Sympathie. Der erst 21-jährige Saarländer Erich Honecker organisierte 1933 im Auftrag des kommunistischen Jugendverbandes dessen illegale Arbeit, wurde 1935 von der Gestapo verhaftet und wegen «Vorbereitung zum Hochverrat» zu zehn Jahren Zuchthaus verurteilt. Ende April 1945 befreite ihn die Rote Armee, er stieß sofort zur «Gruppe Ulbricht», kümmerte sich um den Aufbau des Jugendverbandes FDJ, besuchte 1955 die Moskauer Parteihochschule und wurde 1958 Vollmitglied des Politbüros, wo er kraftvoll seine Hausmacht ausbaute. Honecker, der «Schüler» Ulbrichts, lieferte 1961 mit der Organisierung des Baus der Berliner Mauer sein Gesellenstück ab. Seine beiden größten Erfolge fielen in die Jahre 1973 und 1987: Die DDR wurde als Vollmitglied in die UNO aufgenommen, und den Staatsempfang mit allen protokollarischen Ehren in Bonn 1987 empfand Honecker als Krönung seines politischen Lebens. Innenpolitisch plagte die DDR eine wirtschaftliche Verfallskrise, die auch nicht durch ein gigantisches Wohnungsbauprogramm aufgehalten werden konnte. Michail Gorbatschows Reformkonzept seit 1985 verschloss sich Honecker und meinte im Juni 1989, die Mauer werde auch noch in 100 Jahren bestehen, sandte Glückwünsche an Peking für die blutige Niederschlagung der Demokratiebewegung und suchte den Schulterschluss mit dem rumänischen Diktator Ceauşescu. Wie er selbst einst Ulbricht zum Rücktritt aus «gesundheitlichen Gründen» genötigt hatte, so taten es ihm seine Genossen wie Egon Krenz nun gleich. Dem entmachteten Diktator sollte nach der Wiedervereinigung der Prozess wegen der Toten an der innerdeutschen Grenze gemacht werden, doch eine fortgeschrittene Krebserkrankung führte zur Einstellung des Verfahrens; seine letzten Jahre verbrachte Honecker in Chile.

Literatur: Jan N. Lorenzen, *Erich Honecker* (2001). – Uwe Wesel, *Der Honecker-Prozess* (1994).

Willy Brandt

Politiker; geb. 18.12.1913 Lübeck, gest. 8.10.1992 Unkel (bei Bad Honnef)

In Dresden nahm er im März 1933 an einer illegalen Konferenz einer linkssozialistischen Partei teil, Deckname: Willy Brandt. Sein eigentlicher Name war Herbert Frahm. Als Antifaschist floh er nach dem Machtantritt Hitlers aus Deutschland nach Norwegen und reiste durch halb Europa, hielt sich 1937 eine Zeit lang auf republikanischer Seite im Spanischen Bürgerkrieg auf und hoffte vergeblich auf eine Einheitsfront gegen die NS-Diktatur. 1938 erfuhr er, dass die Nazis ihm die deutsche Staatsbürgerschaft entzogen hatten. Der staatenlose Frahm nahm nun den alten Decknamen an und erhielt die norwegische Staatsangehörigkeit. 1946 nach Berlin zurückgekehrt, nahm er 1947 wieder die deutsche Staatsangehörigkeit an, wirkte in der Berliner SPD und war von 1957 bis 1966 Regierender Bürgermeister von Berlin. Während des Mauerbaus 1961 schlug seine Stunde, er wurde zum Kontrahenten Adenauers und eines Teils der Konservativen, der vor Diffamierungen (uneheliche Geburt, Widerstandskämpfer) nicht zurückschreckte. Seine «Neue Ostpolitik», aber auch innere Reformen unter der Devise «Mehr Demokratie wagen» machten ihn während seiner Kanzlerschaft 1969–1974 zur sozialdemokratischen Jahrhundertgestalt. Realist und Visionär, der er war, nutzte er sein internationales Ansehen – ihm war 1971 der Friedensnobelpreis verliehen worden – als Vorsitzender der Sozialistischen Internationale seit 1976 für Abrüstungsinitiativen und für einen Ausgleich zwischen den reichen nördlichen und ärmeren südlichen Ländern der Welt.

Literatur: Peter Merseburger, *Willy Brandt* (2002). – *Willy Brandt. Berliner Ausgabe*, hg. v. Helga Grebing u. a. (10 Bde., 2000–2009).

Heinrich Böll

Schriftsteller; geb. 21.12.1917 Köln,
gest. 16.7.1985 Kreuzau-Langenbroich

20. Dezember 1972: Heinrich Böll nimmt den Nobelpreis für Literatur entgegen. Gewürdigt wurde, wie es in der Laudatio hieß, eine literarische Arbeit, «die durch ihren zeitgeschichtlichen Weitblick in Verbindung mit ihrer von sensiblem Einfühlungsvermögen geprägten Darstellungskunst erneuernd im Bereich der deutschen Literatur gewirkt hat.» Bölls Sprache ist einfach, klar und genau, nicht verschnörkelt oder auf Effekt aus. Manche nannten das bieder, und wegen der provozierenden Themen, die er aufgriff, hielten ihm einige eine Gesinnungsästhetik vor. Seine Werke erschöpfen sich aber nicht in der politisch-moralischen Botschaft, wenngleich Böll wie kaum ein anderer zum Chronisten und Kritiker der frühen Bundesrepublik geworden ist. Die menschlichen Deformationen, die der Krieg hinterließ, waren das eine große Thema; das andere, das den Katholiken umtrieb, war der Machtmissbrauch der katholischen Kirche («Ansichten eines Clowns»). Im Roman «Gruppenbild mit Dame» (1971) beschreibt Böll das Schicksal einer deutschen Frau, die die ganze Last der Geschichte zwischen 1922 und 1970 auf sich genommen hat. Im durch RAF-Terrorismus aufgeheizten Klima der 1970er Jahre wurde er mit Hetzkampagnen überzogen und als geistiger Wegbereiter des Terrorismus gebrandmarkt – er hatte, moralisch integer, aber ungeschickt, Ulrike Meinhof verteidigt. Böll blieb zeitlebens ein sanfter Rebell, ob er nun sowjetische Dissidenten wie Lew Kopelew und Alexander Solschenizyn bei sich aufnahm oder sich in der Friedensbewegung engagierte.

Literatur: Jochen Schubert, *Heinrich Böll* (2011). – Jochen Vogt, *Heinrich Böll* (2. Aufl. 1987). – Heinrich Vormweg, *Der andere Deutsche* (2002).

Beate Uhse

Pilotin und Unternehmerin; geb. 25.10.1919 Wargenau (heute Malinowka/Russland), gest. 16.7.2001 St. Gallen (Schweiz)

Ihre erste Karriere ließ nicht erahnen, dass Beate Uhse später mit einem «Versandhaus für Ehehygiene» und dem Vertrieb von Sexspielzeugen und -kinos erfolgreich sein sollte. Als ausgebildete Pilotin übernahm sie während des Zweiten Weltkrieges Überführungsflüge neuer oder reparierter Flugzeuge und hatte dabei mehrfach Glück, nicht von alliierten Flugzeugen abgeschossen worden zu sein. Nach Flucht aus Berlin, Kriegsgefangenschaft und Ankunft im Flensburger Raum wurde sie dort mit einem viele Frauen sehr bewegenden Thema konfrontiert: der Verhütung ungewollter Schwangerschaft. Aus den ersten Fruchtbarkeitstabellen, die gegen Naturalien eingetauscht wurden, entstand 1947 Uhses «Schrift X», die weitere Sexualthemen der Frau aufgriff und über den Postweg versandt wurde. Aus diesem Versandansatz entwickelte sich seit 1951 eine feste Firma, die sofort enorme Umsätze verzeichnete und expandierte. Der Fokus lag dabei auf Verhütungsmitteln, Literatur und Sexspielzeug und wurde im Laufe der Zeit um visuelle Medien und Bekleidungsartikel erweitert. Uhse brachte mit einer geschickten Darstellung der Sexualität von Frau und Mann die Liberalisierung, aber auch den Warencharakter von Sexualität – symbolisiert im «Sexshop» – auf den Weg. Als Unternehmerin setzte sie mit ihrem erfolgreichen Marketing in Form des strategischen Einsatzes ihrer Biographie und der Mitarbeiter Maßstäbe in der von Männern dominierten Wirtschaft. Dafür schickte sie auch schon einmal Literatur an die FU Berlin, da diese in ihrem Bestand zu wenige einschlägige Werke besessen hätte. Im Gegenzug erlebte sie, welche konservativen Gegenkräfte einer öffentlichen sexuellen Aufklärung entgegen standen. 700 Strafverfahren überstand sie – rechtliche und charakterliche Spielräume nutzend – unbeschadet. Uhse wurde so zum einem libertären Symbol der Nachkriegsgesellschaft.

Literatur: Elizabeth D. Heineman, *Before Porn was legal* (2011). – Sybille Steinbacher, *Wie der Sex nach Deutschland kam* (2011).

Fritz Walter

Fußballspieler; geb. 31.10.1920 Kaiserslautern,
gest. 17.5.2002 Enkenbach-Alsenborn

1954 führte Fritz Walter als Kapitän und Regisseur die deutsche Fußballnationalmannschaft zum sensationellen 3:2-Endspielerfolg gegen die zuvor jahrelang ungeschlagenen Ungarn. Der Gewinn der Weltmeisterschaft in der Schweiz wurde in Deutschland zum «Wunder von Bern» stilisiert und hatte nicht nur sportliche Bedeutung. Denn die durch Krieg und NS-Verbrechen weltweit geächteten Deutschen waren nun friedlich auf die Weltbühne zurückgekehrt, wenngleich das Gefühl und das nach außen getragene Motto «Wir sind wieder wer!» durchaus ambivalente Züge trug. Walter feierte 1951 sein Comeback in der Nationalmannschaft, sein erstes Länderspiel hatte er bereits 1940 gegen Rumänien absolviert – damals wie nun auch in den 1950er Jahren unter Sepp Herberger. 1942 war der Sohn eines Gastwirts, der die Vereinsgaststätte des 1. FC Kaiserslautern betrieb, in die Wehrmacht eingezogen worden, geriet in sowjetische Gefangenschaft, konnte jedoch Ende 1945 in die Heimat zurückkehren. Hier formte er die «Roten Teufel» vom Betzenberg – 1951 und 1953 wurde Kaiserslautern deutscher Fußballmeister. Bis zum Ende seiner Karriere blieb Walter «seinem» Verein treu; 1985 wurde das Stadion in Kaiserslautern nach ihm benannt. Nicht nur unübertreffliche Technik, Spielmacherqualitäten oder Torgefährlichkeit zeichneten Fritz Walter aus. Viel wichtiger war: Auch außerhalb des Spielfeldes überzeugte er durch moralische Integrität und Bescheidenheit. 1958 bestritt er sein 61. und letztes Länderspiel, verdiente anschließend als Repräsentant von Adidas sein Geld und engagierte sich seit 1976 in der Sepp-Herberger-Stiftung. Vielfache nationale und internationale Ehrungen der deutschen Fußballlegende folgten. Die 1999 ins Leben gerufene Fritz-Walter-Stiftung widmet sich der gesellschaftlichen Integration von jungen Menschen und will der Völkerverständigung durch Sport dienen.

Literatur: Deutscher Fussballbund (Hg.), *Fritz Walter* (2010). – Rudi Michel (Hg.), *Fritz Walter* (1995).

Joseph Beuys

Künstler und Theoretiker; geb. 12.5.1921 Krefeld, gest. 23.1.1986 Düsseldorf

«Kunst = Leben, Leben = Kunst», in diese Gleichung goss Joseph Beuys seinen erweiterten Kunstbegriff. Keiner inszenierte das Dilemma der westdeutschen Nachkriegszeit so eindrucksvoll und umstritten. Er hob, wie es der Kunsthistoriker Ursprung ausdrückt, «die doppelte Korrumption der Kultur – durch den Nationalsozialismus einerseits, den Marshallplan andererseits – ästhetisch auf und machte diese ‹Schuld› künstlerisch produktiv». Er entsprach dem friedlich gewordenen Krieger in einer postheroischen Gesellschaft. Beuys hatte sich 1941 freiwillig zur Luftwaffe gemeldet und war über der Krim abgeschossen worden. Später bildete er daraus eine mit Vorsicht zu genießende Legende: Krimtataren hätten ihn mit Fett behandelt und zum Warmhalten in Filz eingewickelt – was seine Vorliebe für diese Materialien begründe. Überhaupt war er, der 1946 sein Studium an der Staatlichen Kunstakademie in Düsseldorf aufnahm und dort 1961 einen Lehrstuhl erhielt, gleichermaßen kreativ wie nebulös. Aktionskunst und Happening in der Hochzeit der Fluxus-Bewegung prägten seine Kunst, später kamen Rauminstallationen und Objekte («Das Ende des 20. Jahrhunderts», 1982) hinzu, ergänzt durch politisches Engagement. Er mischte anthroposophische Vorstellungen mit Ideen des Kalten Krieges, machte Anleihen bei der deutschen Klassik und Romantik und überführte sie in seine Konzeption der sozialen Plastik. Seine größte Wirksamkeit, als Lehrer und auf dem internationalen Kunstmarkt, entfaltete Beuys in den 1970er Jahren.

Literatur: Hans-Peter Riegel, *Beuys* (2013). – Philipp Ursprung, *Die Kunst der Gegenwart* (3. Aufl. 2013).

Kurt Masur

Dirigent; geb. 18.7.1927 Brieg (heute Brzeg/Polen)

Pianist wollte er werden, doch im Alter von 16 Jahren sagten ihm die Ärzte, dass sein kleiner Finger der rechten Hand nicht mehr streckbar sein würde. Deshalb der Musik abschwören? Auf keinen Fall. Kurt Masur stieg nach dem Zweiten Weltkrieg und britischer Kriegsgefangenschaft zum bedeutendsten Dirigenten der DDR auf und machte in der deutschen Tradition des gründlichen und sachlichen Orchesterleiters Weltkarriere. Seine Gipfelfahrt begann als Kapellmeister am Theater in Halle, führte ihn über Stationen in Erfurt und Leipzig 1958 an das Mecklenburgische Staatstheater nach Schwerin und ab 1960 an die Komische Oper in Ost-Berlin, ein modernes, regiebetontes Musiktheater. Internationale Anerkennung gewann Masur ab den 1970er Jahren, parallel zur weltweiten Aufwertung der DDR. Als Gewandhaus-Kapellmeister in Leipzig, wo vor ihm Berühmtheiten wie Felix Mendelsohn-Bartholdy oder Wilhelm Furtwängler gewirkt hatten, führte er das Haus zu neuem Ruhm. Kurios und zugleich bezeichnend: Masur dirigierte ohne Taktstock, der sei ihm zu autoritär, wie er sagte. Nicht viele bekannte ostdeutsche Künstler waren in der Friedlichen Revolution von 1989 zu finden, Masur schon. In der «Heldenstadt Leipzig», in der Anfang Oktober mehr als hunderttausend Menschen auf die Straße gingen, schrieb er mit einem Appell zur Gewaltlosigkeit Geschichte. Dies war der entscheidende Durchbruch zur unblutigen Wende in der DDR. So beeindruckte Masur auch das Land der Freiheit, die USA. Im April 1990 wurde er zum Chefdirigenten und Musikdirektor der New Yorker Philharmoniker bestellt und führte sie mit grandiosen Aufführungen wieder unter die «Big Five». Als er sich 2002 von New York verabschiedete, erhielt er den Titel «Music Director Emeritus», eine Ehre, die vor ihm in der 150-jährigen Geschichte des Orchesters nur Leonard Bernstein zuteil geworden war.

Literatur: Johannes Forner, *Kurt Masur* (2003). – Karl Zumpe (Hg.), *Kurt Masur* (1990).

Anne Frank

Schülerin; geb. 12.6.1929 Frankfurt (Main), gest. März 1945 Konzentrationslager Bergen-Belsen

Das Tagebuch eines jüdischen Mädchens erschüttert die Welt bis heute. Geführt zwischen dem 12. Juni 1942 und dem 1. August 1944 setzt es kindliche Lebenshoffnung gegen ein Klima der Angst, und kein anderes Zeitdokument erfasst jüdisches Schicksal im Rassenwahn des «Dritten Reiches» anrührender und allgemeinmenschlicher. Im Alter von vier Jahren emigrierte Anne mit ihren Eltern nach Amsterdam, doch als die Nazis Holland besetzten und begannen, die holländischen Juden auszumerzen, tauchte die Familie Mitte 1942 unter. Zwei Jahre hielten sich mehrere Menschen in einem Hinterhaus in der Amsterdamer Innenstadt versteckt, bis die Deutschen sie entdeckten, alle Personen verhafteten und in Konzentrationslager (KZ) überführten. Freunde der Familie fanden später zwischen alten Büchern das auf Niederländisch geschriebene Tagebuch der Anne Frank, das 1946 erstmals publiziert, dann in zahlreiche Sprachen übersetzt, weltweit millionenfach verkauft wurde und Bearbeitungen auf der Bühne, im Film und in der Musik fand. Erstaunlich für ein junges Mädchen, wie Anne die Krisen, die Furcht und den Schrecken in der Gruppe darstellt und dabei auf eine kindliche Art den Glauben an das Gute im Menschen nicht verliert. Mit einem der letzten Transporte wurde Anne Frank im September 1944 in das Vernichtungslager Auschwitz deportiert. Als die Rote Armee näherrückte, räumten es die Nazis, Anne wurde ins KZ Bergen-Belsen gebracht, wo sie an den Folgen einer Epidemie starb. Anne Frank ist Sinnbild für alle Opfer des Holocaust und eine Totemfigur der modernen Welt.

Literatur: Anne Frank, Gesamtausgabe, hg. v. Anne Frank Fonds (2013). – Marian Hoefnagel, *Anne Frank, ihr Leben* (2010).

Helmut Kohl

Politiker; geb. 3.4.1930 Ludwigshafen

Nach seiner Promotion im Fach Geschichte in Heidelberg wurde Helmut Kohl bereits 1959 Mitglied des Landtags von Rheinland-Pfalz und war hier von 1969 bis 1976 Ministerpräsident. 1973 wählte ihn die CDU zu ihrem Vorsitzenden, und unter seiner Regie begann die programmatische sowie personelle Erneuerung der Union. Heftige Konflikte gab es mit seinem Rivalen Franz Josef Strauß. In puncto Organisation der Macht erwies sich der anfangs von vielen unterschätzte Kohl als wahrer Meister. Sein Führungsstil war hochgradig personalisiert und lief von der Bundesebene bis hinunter in die Kommunen. Nach einem konstruktiven Misstrauensvotum löste Kohl 1982 Helmut Schmidt als Bundeskanzler ab und blieb länger als jeder vor ihm im Amt, insgesamt 16 Jahre. Kohl empfand sich als «Enkel Adenauers», an dessen Europapolitik er anknüpfte, insbesondere mit Blick auf das deutsch-französische Verhältnis. Nach ersten holprigen Regierungsjahren erstarkte die BRD ökonomisch wieder. Seine Sternstunde erlebte Kohl während des Prozesses hin zur deutschen Wiedervereinigung 1989/90, als er taktisch klug an der Seite der Amerikaner half, die Teilung zu überwinden. Der Ehrentitel «Kanzler der Einheit» gebührt ihm zu Recht. Kohl war Europäer aus Überzeugung und beförderte nachdrücklich die Einführung des Euro. Nach dem Machtverlust 1998 wurde Kohl gefeierter Ehrenvorsitzender der CDU, verlor diese Auszeichnung jedoch, als um 2000 die Parteispendenaffäre ans Licht der Öffentlichkeit gelangte und einen Schatten auf den großen Kanzler warf.

Literatur: Wolfram Bickerich, Hans-Joachim Noack, *Helmut Kohl* (2010). – Hans-Peter Schwarz, *Helmut Kohl* (2012).

Franz Beckenbauer

Fußballspieler und -funktionär; geb. 11.09.1945 München

1968 trug der FC Bayern ein Freundschaftsspiel in Wien aus, und Franz Beckenbauer wurde zufällig neben der Büste des österreichischen Kaisers Franz I. stehend fotografiert. Findige Journalisten verpassten ihm das Etikett «Kaiser Franz». Beckenbauer wurde zum Aushängeschild des deutschen Fußballs paradoxerweise gerade deshalb, weil er ausgesprochen «undeutsch» spielte. Die internationale Presse berichtete ja gerne von deutschen «Panzern» auf dem Spielfeld, doch Beckenbauer spielte leichtfüßig, lässig, elegant und manchmal verwegen. Er gilt als einer der besten Defensivspieler aller Zeiten. Beckenbauer absolvierte eine Lehre als Versicherungskaufmann, was aber in seinem Leben keine Rolle mehr spielen sollte. Im Herbst 1965 gab er beim Weltmeisterschafts-Qualifikationsspiel gegen Schweden sein Debüt in der deutschen Nationalmannschaft. 1966 wählten ihn Sportjournalisten zum ersten, aber nicht zum letzten Mal zum «Fußballer des Jahres». Rasch kamen die Titel: Fünf Meisterschaften mit dem FC Bayern, vier DFB-Pokal-Gewinne, dritter Platz bei der Weltmeisterschaft in Mexiko 1970. 1974 war sein erfolgreichstes Jahr: Bayern gewann erstmals den Europapokal der Landesmeister, und als Kapitän führte Beckenbauer die Nationalmannschaft zum WM-Sieg. 1977 wechselte er zu Cosmos New York, 1984 wurde Beckenbauer, der keine Trainerlizenz hatte und sich daher nicht «Bundestrainer» nennen durfte, «Teamchef» der Nationalmannschaft, die 1986 den Vizeweltmeister- und 1990 den Weltmeistertitel in Italien gewann. Nachdem der FC Bayern in eine AG umgewandelt worden war, übernahm Beckenbauer das Amt des Aufsichtsratsvorsitzenden; weitere nationale und internationale Ämter traten hinzu. 2006 war er das Gesicht der Fußball-WM in Deutschland. Beckenbauer war wie kein anderer in Medien und Werbung präsent und eine Zeit lang der berühmteste Deutsche in der Welt.

Literatur: Tosten Körner, *Franz Beckenbauer* (2005).

Petra Kelly

Friedensaktivistin und Politikerin;
geb. 29.11.1947 Günzburg, gest. 1.10.1992 Bonn

Kelly war die Ikone der deutschen Friedensbewegung, vor allem in den 1980er Jahren. Friedenspolitik, Menschenrechte und Ökologie bildeten bei ihr eine politische Einheit. Sie erhielt den Nachnamen durch ihren Stiefvater, einen US-Offizier irischer Herkunft, den ihre Mutter heiratete, als Petra sieben Jahre alt war. Zeitlebens blieb sie jedoch ihrer Großmutter «Birle» tief verbunden, bei der sie aufwuchs, bis die Familie 1960 in die USA zog. In Washington studierte Kelly Politische Wissenschaften, war als Dozentin tätig und engagierte sich in den Büros der demokratischen Senatoren Robert Kennedy und Hubert Humphrey. 1970 setzte Kelly ihr Studium in Amsterdam fort und wurde später Mitarbeiterin bei der Europäischen Gemeinschaft in Brüssel. Mit dem Aufkommen der neuen sozialen Bewegungen schlug ihre Stunde in der Bundesrepublik. Hier konnte sie von ihren Erfahrungen aus der amerikanischen Bürgerrechtsbewegung profitieren, arbeitete seit 1972 beim Bundesverband der Bürgerinitiativen Umweltschutz und in zahlreichen Vereinen und Verbänden, die sich der Ökologie-, Frauen- und Friedensbewegung verschrieben. Nach ihrem Austritt aus der SPD wurde Kelly Mitbegründerin und Sprecherin der Grünen, die sie dezidiert als «Antipartei-Partei» verstand. Keine andere deutsche Politikerin verfügte in dieser Zeit über mehr internationale Kontakte und Ansehen als Kelly, die in einem verzehrenden Idealismus nicht nur die europäische Friedensbewegung vorantrieb und für eine Überwindung der Blöcke kämpfte, sondern ebenso für die Ureinwohner Australiens oder Menschenrechte im chinesisch besetzten Tibet stritt. Dass die Aktivistin und frühe Symbolfigur der Grünen immer mehr zur Einzelkämpferin geriet, war die Tragik ihres Lebens; die Umstände des gemeinsamen gewaltsamen Todes von Kelly und ihrem Lebensgefährten Gert Bastian sind bis heute nicht völlig geklärt.

Literatur: Petra Kelly, *Mit dem Herzen denken* (1990). – Saskia Richter, *Die Aktivistin* (2010).

Angela Merkel

Politikerin; geb. 17.7.1954 Hamburg

Kurz nach ihrer Geburt siedelten Angela Merkels Eltern mit ihr von Hamburg in die DDR über. Diese West-Ost-Wanderung war für einen evangelischen Pfarrer in den 1950er Jahren gar nicht so ungewöhnlich. In Leipzig studierte Merkel Physik und bekleidete bis zur Wende 1989 eine Stelle an der Akademie der Wissenschaften in Berlin-Adlershof. Nach kurzem Engagement im «Demokratischen Aufbruch» trat sie 1990 der CDU bei und erhielt bei den ersten gesamtdeutschen Wahlen ein Bundestagsmandat. Im Rückblick erscheint der Weg zur ersten Bundeskanzlerin und mächtigsten Frau der Welt folgerichtig, doch kam auch die Gunst der Stunde dazu. Zunächst war die von Helmut Kohl geförderte Merkel Bundesministerin für Frauen und Jugend (1991–1994), dann für Umwelt, Naturschutz und Reaktorsicherheit (1994–1998), anschließend CDU-Generalsekretärin (1998–2000). Während der CDU-Spendenaffäre 2000 setzte sie sich mutig und machtbewusst an die Spitze der CDU-Erneuerungsbewegung, brach mit Kohl, musste bei der Bundestagswahl 2002 aber Edmund Stoiber die Spitzenkandidatur der Union überlassen. 2005 wurde sie erstmals zur Bundeskanzlerin gewählt, und seit der zweiten Wiederwahl 2013 wird Deutschland in einer Mischung aus Kritik und Bewunderung mit Merkel identifiziert, die Europa in der Finanzkrise eine harte Sparpolitik verordnet. Vielen gilt sie als risikoscheu, doch ist sie ein klug agierender Machtmensch, der sich auch von scheinbar unerschütterlichen Positionen verabschiedet – so geschehen in der Wende der Atom- und Energiepolitik 2011.

Literatur: Ralph Bollmann, *Die Deutsche* (2013). – Dirk Kurbjuweit, *Angela Merkel* (2009). – Gerd Langguth, *Kohl – Schröder – Merkel* (2009).

Eckrentner

Statistisches Rechenmodell; geb. 1957

Er war und ist Vorbild für Generationen an Angestellten und Arbeitern, doch nur wenige werden tatsächlich so sein wie er. In seiner Eigenschaft als statistische Größe verkörpert er eine der wichtigsten Errungenschaften des deutschen Sozialstaates. Der Eckrentner ist die Bemessungsgrundlage, wenn es um die Anpassung der Rentenhöhe geht. Geboren wurde er 1957, als das Rentensystem vom Kapitaldeckungsverfahren auf das Umlagesystem umgestellt wurde. Er hat sich 45 Entgeltpunkte erarbeitet (was 45 Arbeitsjahren entspricht) und dabei jährlich das Durchschnittseinkommen aller Rentenversicherten erhalten. Anhand der aktuellen Rentenformel (getrennt nach alten und neuen Bundesländern) wird jährlich die Höhe der Rente festgelegt und überprüft. Der Eckrentner gilt hierbei als Orientierungsgröße: Scheint die Rente für ihn unpassend zu sein, wird sie angepasst – eingefroren, erhöht oder gesenkt. Das bringt ihn immer wieder in die Diskussion. Zum einen, wenn es um die konkrete Höhe der Rente geht. Was braucht er zum Leben? Wie viel Rente muss ihm zugestanden werden? Wie hoch ist die Inflation? Zum anderen wird er immer wieder als Person infrage gestellt: Wer hat schon 45 Jahre mit dem deutschen Durchschnittseinkommen in die Rentenkasse einbezahlt? Rechnet die Rentenverwaltung damit nicht mit Summen, die für den Großteil der Bevölkerung gar nicht zutreffend sind? Müssten angesichts niedrigerer Ausbildungsgehälter und längerer Studien- und Praktika-Zeiten nicht realistischere Modelle erstellt werden? Aber er hält sich bis heute wacker, auch wenn er durch Walter Riester oder Bert Rürup herausgefordert und schon des Öfteren totgesagt wurde, sich deswegen ab und zu Schönheitsoperationen unterziehen muss. Insofern lässt sich sagen: Der Eckrentner ist die entscheidende Größe, wenn es um die Altersabsicherung der Deutschen geht.

Literatur: §§ 63–69 SGB VI. – Max Geißler, *Noch zeitgemäß – oder praxisfernes Konstrukt* (Süddeutsche Zeitung, 23./24. Februar 2008).

Ampelmännchen

Straßenverkehrssymbole; geb. 13.10.1961 Ost-Berlin

Viel ist nicht übrig geblieben von der DDR: Das Sandmännchen und der Rechtsabbiegepfeil – aber auch die Ampelmännchen? Während die ersten beiden nach 1990 schon bald in Westdeutschland Einzug hielten, mussten die Ampelmännchen lange um ihr Überleben bangen. Im Oktober 1961 vom Verkehrspsychologen Karl Peglau entworfen, sollten sie mit ihrer eingängigen Symbolik die damals noch fußgängerampellosen Straßen der DDR beziehen. Als die Mauer fiel, interessierte sich jedoch niemand für das Schicksal der beiden Verkehrssymbole. So ersetzten ihre geschlechtslosen westdeutschen Kollegen die Ampelmännchen in den nächsten Jahren fast flächendeckend. Doch Rettung nahte. Als die versprochenen «blühenden Landschaften» ausblieben und Zwei Drittel der Ostdeutschen sich als «Bürger 2. Klasse» sahen, legte der sächsische Verkehrsminister 1995 fest, sie für Sachsen wieder zu verwenden. Seine Begründung: Sie sollen «einer ‹ostdeutschen› Identität Ausdruck verleihen». Das eigentliche «Aufbegehren» fand aber in Berlin statt. Zunächst verwandelte ein Tübinger Industriedesigner die abmontierten Ampelscheiben im Sommer 1996 in Wohnzimmerlampen und verkaufte sie gewinnbringend. Im selben Jahr gründeten Künstler und Geschäftsleute das Komitee «Rettet die Ampelmännchen». Sie gestalteten T-Shirts, druckten Plakate und starteten mit Erfolg die erste Internet-Kampagne Deutschlands. Zeitungen schrieben über die «niedlichen Männchen», die als «Sex-Symbole» ihren «spindeldürren West-Kollegen» nicht nur an Leuchtfläche und Verkehrssicherheit überlegen waren. Erstmals wurde nach der «Wende» positiv über ein DDR-Relikt berichtet. Da konnten Politiker nicht mehr anders und ließen die Symbole – zunächst im Osten der Republik – wieder zu. Ampel für Ampel fanden sie den Weg in die alte Bundesrepublik, und so leuchtet heute auch hier zumindest ein kleines Stückchen DDR.

Literatur: Michael Graupner, *Kommerzprodukt, Identifikationsfigur oder Kulturgut?* (Bachelorarbeit Uni. Heidelberg 2013).

Stefanie Maria Graf

Tennisspielerin; geb. 14.6.1969 Mannheim

Allzu viele Deutsche, die Sportgeschichte schrieben, gibt es nicht. Zur Gruppe um die Rekordolympionikin Birgit Fischer, den erstmaligen vierfachen Tagessieger bei der Skisprung-Vierschanzentournee Sven Hannawald, den 100-m-Weltrekordler Armin Hary oder den Formel 1-Rekordweltmeister Michael Schumacher gehört auch Tennisspielerin Steffi Graf. 1982 wechselte sie, vom Vater trainiert, ins Profilager, gewann 1987 bei den French Open ihr erstes Grand Slam-Turnier und dominierte fortan die Tenniswelt. Sie stand mit 377 Wochen – davon 186 ununterbrochen – am längsten an der Spitze der Weltrangliste, zudem siegte sie bei 22 Grand Slam-Tunieren und gewann mit der Nationalmannschaft zweimal den Fed Cup. Bis heute unerreicht: 1988 gelang ihr der «Golden Slam», der Gewinn aller vier Grand Slam-Turniere und von olympischem Gold in Seoul. Zusammen mit Boris Becker, der zeitgleich große Erfolge bei den Männern feierte und mit dem sie zusammen im Leistungszentrum Leimen ausgebildet worden war, begründete Graf einen Tennisboom in Deutschland und erklomm eine neue Stufe der Tennisqualität: Sie perfektionierte die Technik und erarbeitete sich eine hohe Zahl an Schlagvariationen. Dabei wurde das Spiel der «Gräfin Gnadenlos» oder «Fräulein Vorhand», wie die Presse sie aufgrund ihres Spielstils nannte, immer dynamischer, die Schläge härter. Nach ihrem Karriereende trat Graf als geschickte Geschäftsfrau ins Rampenlicht, ist aber auch sozial tätig und gründete die Stiftung «Children for Tomorrow» für traumatisierte Kinder.

Literatur: Rolf Hauschild, Paul Zimmer, *Danke, Steffi* (1999). – Sue Heady, *Steffi* (1996). – Doris Henkel, *Steffi Graf* (1993).

Bildlegenden

S. 10 Tacitus, Lithographie, undatiert, von Bernard Romain Julien (1802–1871).
S. 11 Büstenreliquiar Karls des Großen. (Gestiftet 1349 von Kaiser Karl IV.). Nach 1349. Silber, getrieben, teilweise vergoldet, Höhe 86,3 cm. Schatzkammer des Aachener Doms.
S. 12 Der Magdeburger Reiter. (Meist als Otto I. gedeutet). Skulptur, um 1240. Ehemals Rathausplatz in Magdeburg, heute im Kulturhistorischen Museum.
S. 13 Kaiser Heinrich IV. auf dem Thron mit Krone, Zepter und Reichsapfel. Nach der Buchmalerei in der Weltchronik des Ekkehard von Aura, 1113. Cambridge.
S. 15 Friedrich I. thronend, umgeben von seinen Söhnen König Heinrich VI. (Kaiser 1191–97) und Herzog Friedrich V. von Schwaben. Buchminiatur, um 1180.
S. 18 Heilige Elisabeth, vor 1365. Theoderich von Prag, tätig 1348–80. Tempera auf Holz. Tschechische Nationalgalerie, Prag.
S. 19 Goldsiegel Kaiser Karls IV. aus dem Jahre 1376. Durchmesser 63 mm.
S. 22 Dürer, Selbstbildnis im Pelzrock, 1500. Auf Lindenholz, 67 × 49 cm. Alte Pinakothek München.
S. 24 Luther. Gemälde, nach 1530, von Lucas Cranach d. Ä. Werkstatt. Auf Buchenholz, 20,7 × 14,8 cm. Sammlung Würth, Schwäbisch-Hall.
S. 27 Wallenstein. Gemälde, 1823, von Ludwig Ferdinand Schnorr von Carolsfeld. Heeresgeschichtliches Museum, Wien.
S. 30 Leibniz, Porträt. Gemälde, zeitgenössisch, anonym.
S. 31 Angebliches Bildnis der Sibylla Merian. Gemälde, 1679, niederländischer (?) Maler. Öl auf Leinwand, 59 × 50,5 cm.
S. 35 Porträt der Großfürstin Katharina Alexejewna. Gemälde, um 1760, unbekannter Maler (vielleicht Pietro Antonio Rotari). Öl auf Leinwand, 59 × 64 cm. Herrenhaus Schierensee.
S. 36 Mendelssohn, Porträt. Gemälde, Ende 18. Jh., anonym.
S. 40 Beethoven mit dem Manuskript der «Missa solemnis». Gemälde, 1819, von Joseph Karl Stieler. Beethoven-Haus Bonn.
S. 42 Königin von Preußen, Gemälde, 1802, von Josef Maria Grassi. Öl auf Leinwand, 64 × 48 cm. Schloss Charlottenburg, Berlin.
S. 44 «Wilhelm (links) und Jakob Grimm». Radierung, 1843, von Ludwig Emil Grimm.
S. 46 Moltke, Porträtaufnahme, undatiert.
S. 48 Justus von Liebig. Photographie, 1866, von Woodburytype.

S. 49 Blum, Porträt. Gemälde, um 1845, von August Hunger. Öl auf Leinwand, 34 × 27 cm. Stadtgeschichtliches Museum Leipzig.
S. 50 Wagner, Porträtaufnahme, 1871, von Franz Hanfstaengl, München.
S. 54 Otto-Peters, Porträtaufnahme, um 1890.
S. 55 Schliemann, Porträtaufnahme, 1880, von Adolph Halwas, Berlin.
S. 56 Duden, Porträtaufnahme, um 1900.
S. 57 Bebel, Porträtaufnahme, um 1904.
S. 58 Koch, Porträtaufnahme, um 1900.
S. 61 Hindenburg, Porträtaufnahme, um 1916.
S. 62 Lilienthal, Porträtaufnahme, um 1885.
S. 63 Benz, Porträtaufnahme, um 1870.
S. 64 Krupp, Porträtaufnahme, um 1900.
S. 65 Hertz, Porträtaufnahme, undatiert.
S. 66 Zetkin, Porträtaufnahme, 1923.
S. 68 Wilhelm II., Porträtaufnahme,1906, von Skofronek, Berlin.
S. 69 Bosch, Porträtaufnahme, 1925.
S. 70 Kollwitz, Porträtaufnahme, 1929.
S. 71 Eckener, Porträtaufnahme, undatiert.
S. 75 Sauerbruch, Porträtaufnahme, um 1925.
S. 78 Hahn, Porträtaufnahme, um 1950.
S. 79 Einstein in seinem Berliner Arbeitszimmer, Foto, 1921, von R. Sennecke.
S. 82 Dix bei der Verleihung des Lichtwarkpreises am 8. Dezember 1966 in Hamburg. Foto von Rolf Kruse.
S. 87 Dietrich im Frack. Rollenbild aus «Marokko/Herzen in Flammen». Porträtfoto, 1930.
S. 91 Zuse beim Hochschul-Computer-Forum am 10. Oktober 1994 in der Freien Universität Berlin. Foto von Dieter E. Hoppe.
S. 93 von Braun bei seiner Einbürgerung in die USA. Porträtaufnahme, 1955.
S. 94 Springer, Porträtaufnahme, 1970.
S. 96 Brandt, Porträtaufnahme, 1978.
S. 97 Böll, Porträtaufnahme, um 1968.
S. 100 Beuys in Mönchengladbach, 1982, Foto von Franz Hubmann.
S. 102 Frank, Porträtaufnahme, um 1940.
S. 103 Kohl, Porträtaufnahme, 1978.
S. 106 Merkel bei einem Besuch im Kreml am 16. Januar 2006. Foto von RIA Nowosti.
S. 109 Graf bei ihrem Triumph bei den US-Open in Flushing Meadow am 9. September 1989. Foto von Kai-Uwe Wärner.

C.H.BECK WISSEN

Zuletzt erschienen:

2006: Bronisch, **Der Suizid**
2222: Lütteken, **Richard Strauss • Die Opern**
2223: Mauser, **Mozarts Klaviersonaten**
2613: Kroll, **Geschichte Sachsens**
2744: Conze, **Das Auswärtige Amt**
2752: Kammertöns, **Das Klavier**
2757: Khan, **Das Rote Kreuz**
2760: Maissen, **Geschichte der Frühen Neuzeit**
2766: Voss, **Richard Wagner**
2778: Duchhardt, **Der Wiener Kongress**
2779: Englhart, **Das Theater der Gegenwart**
2780: Faulenbach, **Willy Brandt**
2781: Gilomen, **Wirtschaftsgeschichte des Mittelalters**
2782: Gross, **November 1938**
2783: Kocka, **Geschichte des Kapitalismus**
2784: Kurz, **Geschichte des ökonomischen Denkens**
2785: Jansen/Osterhammel, **Dekolonisation**
2786: Preckel/Baudson, **Hochbegabung**
2787: Röhl, **Wilhelm II.**
2788: Sommer, **Wirtschaftsgeschichte der Antike**
2792: Meußdoerffer/Zarnkow, **Das Bier**
2797: Bahlcke, **Geschichte Tschechiens**
2798: Benz, **Der deutsche Widerstand gegen Hitler**
2799: Jussen, **Die Franken**
2802: Stekeler-Weithofer, **Sprachphilosophie**
2803: Sieroka, **Philosophie der Physik**
2806: Newen, **Philosophie des Geistes**
2808: Tetens, **Wissenschaftstheorie**
2824: Rentsch, **Philosophie des 20. Jahrhunderts**
2825: Mombauer, **Die Julikrise**
2826: Schnettger, **Der Spanische Erbfolgekrieg**
2827: Seidensticker, **Islamismus**
2828: Ubl, **Die Karolinger**
2829: Vocelka, **Sisi**
2830: Vogtherr, **Die Welfen**
2832: Demel/Schraut, **Der deutsche Adel**
2833: Kossert, **Ostpreußen**
2835: Schieder, **Benito Mussolini**